벌거벗을 용기

김경록 지음

인생의 전환점에
가져야 할 한 가지

벌거벗을
/
용기

흐름출판

인간은 노력하는 한 헤매는 법이다.

— 괴테

잎은 떨어진다. 그래도 괜찮다

집에서 조금 벗어나면 논밭이 보이는 벌판이 있어 가끔 산책을 합니다. 1월의 추운 날이었습니다. 앙상한 나무들을 보며 걷고 있는데 참나무 한 그루가 떡하니 길옆에 서 있었습니다. 다른 나무들처럼 잎이 다 떨어져버렸지만 그 줄기와 가지가 너무 당당하고 위엄 있어 사진에 담아두었습니다. 그 모습은 잊히지 않고 화두처럼 머릿속을 맴돌았습니다.

"언젠가 나도 사회에서 걸치고 있던 이런저런 옷을 벗어야 할 텐데, 그러고 나서도 저 참나무처럼 당당하려면 어떻게 해야 할까?"

우연히 19세기 영국의 계관시인 알프레드 테니슨이 쓴 〈참나무(The Oak)〉라는 시를 읽게 되었습니다. 테니슨이 80세에 이 시를 썼다고 하니 말년에 자신의 인생을 관조하며 참나무에 비유해 노래한 시라고 할 수 있습니다. '인생은 이렇게 살라'라고 하는 말로 시작되는데요, 봄, 여름, 가을의 참나무를 말한 뒤 겨울에 이르러

몸통과 가지만으로 우뚝 서 있는 참나무의 벌거벗은 힘(裸力)을 이야기합니다.

인생을 살아라	*Live the life*
젊거나 늙거나	*Young and old*
저 참나무처럼	*Like you oak*
봄에는 눈부시고	*Bright in spring*
여름에는 무성하며	*Summer-rich*
그러고 그러고 나서	*Then-and then*
영롱한 빛을 가진	*Soberer-hued*
다시 황금색으로	*Gold again*
모든 잎이	*All his leaves*
다 떨어지고	*Fallen at length*
보라, 우뚝 서 있는 모습을	*Look, he stands*
몸통과 가지만으로	*Trunk and bough*
벌거벗은 그 힘을	*Naked strength*

인생의 후반전을 맞으면 꽃이나 잎을 자랑하며 살 수 없습니다. 나를 설명해주던 '자리'에서 물러나야 하고, 꽃 같았던 자식은 제 갈 길을 찾아갑니다. 따르던 사람들은 곁을 떠나고, 나를 대하는 사람들의 눈길마저 달라지며 급기야 관심조차 기울이지 않습니다.

이게 끝이 아닙니다. 밥 먹듯 야근해도 멀쩡하던, 그래서 활력과 자신감의 원천이던 건강마저 나를 떠나갑니다. 손이 떨리고, 튼튼하던 두 다리의 힘이 약해지고, 눈이 침침해져 보는 것마저 힘겹고, 새들이 지저귀는 노랫소리도 들리지 않게 됩니다. 이처럼 인생 후반전에는 누구나 무성하던 잎이 떨어지고 둥치와 줄기만 남게 됩니다. 벌거벗은 모습이 아름다워야 할 때입니다.

그런데 벌거벗은 모습을 바라보는 시선은 극과 극입니다. 존경을 받기도 하지만 조롱을 받기도 합니다. 팻 테인이 편집한 《노년의 역사》를 보면, 로마시대의 한 법률가는 '노인은 항상 존경을 받았다'고 쓴 반면 동시대의 한 철학자는 노인에 대해 '자신의 친구나 친척에게조차 답답하고, 고통스럽고, 가혹하며 한마디로 비애의 연속'이라고 썼습니다.

레오나르도 다빈치가 그린 노년의 자화상은 위엄 있는 노송(老松)의 모습입니다. 반면 구부정한 몸, 주름이 잔뜩 진 손가락, 검버섯투성이의 얼굴 등 노인 특유의 외모적 특징 때문에 16~17세기 노인은 공포 혹은 조롱의 상징으로 서양화에서 등장합니다. 이처럼 나이 듦에 대한 경멸적 태도는 노년에 대한 존경의 태도만큼이나 쉽게 찾아볼 수 있습니다.

벌거벗은 몸이 아름다우려면 어떻게 해야 할까요?

잎이 떨어지기 시작하는 40~50대 인생 전환기에 튼튼한 몸통과 가지를 갖추어야 합니다. 삶의 근간을 만드는 데는 긴 시간이 필요합니다. 도토리를 심어 참나무 그늘을 만들려면 20~30년의 세월이 걸립니다. 건강한 관계와 튼튼한 노후 자산을 만드는 데도 그만큼의 시간과 노력이 필요합니다. 무성한 잎이 있어 태양의 에너지를 전해줄 때 근간을 키워가야 합니다.

어느 날, 몸통과 가지만의 벌거벗은 몸이 되면 잎에 의존하지 않고 근간(根幹)으로 살아가야 합니다. 내 얼굴 같았던 직함과 명함을 내려놓고 진짜 나를 위해 살 때입니다.

삶의 마지막 숨결에서 인간은 몸통과 가지마저 벗어버린 자신의 벌거숭이 모습을 마주합니다. 아마 영혼과 같은 삶의 뿌리를 보게 될지도 모릅니다. 사람은 벌거벗은 채 태어나 마지막에 벌거벗은 자신을 성찰하게 됩니다.

저는 생활인이자 경제학자, 은퇴 연구자로 인간의 몸통과 가지는 무엇이며 이를 견고하게 하려면 어떻게 해야 하는지 고민해왔습니다. 미래에셋은퇴연구소에서의 7년은 이 같은 고민을 구체화하는 시간이었습니다. '성찰, 관계, 자산, 업(일), 건강'. 삶의 근간을 이루는 이들 5가지 요소를 견고하게 만드는 방법을 이 책에 담았습니다.

아내는 제 글을 읽고 마음 한구석이 짠하다고 했습니다. 나이가 들면 잎을 떨구고 벌거벗어야 한다는 현실에 대한 깨달음 때문이었겠지요. 테니슨은 '젊으나 늙으나' 저 참나무 같은 삶을 살라고 했습니다. 봄에는 황금빛으로 빛나고 여름에는 무성하고 가을이

오면 더욱 찬연한 황금빛이 되고, 그리고 마침내 겨울이 오면 줄기와 가지만 남은 나목(裸木)이 되어 우뚝 선 모습을 노래했습니다.

　시간의 흐름을 막을 순 없습니다. 하지만 그런 시간의 흐름 속에서 만족한 삶을 사는 것은 사람의 일입니다. 벌거벗음을 두려워하지 말고 노후의 나력(裸力)을 키워가기 바랍니다.

광화문에서
김경록

4장 **업** ◆ 은퇴를 만나면 은퇴를 죽인다

職
業

5장 건강 ◆ 몸 관리도 자산 관리처럼

健康

1장

성찰

省察

지켜야 할 것과
버려야 할 것

"경록아, 나이가 드니 눈물이 많아지는구나."

어느 날, 예순을 넘기신 아버지가 30대 초반이었던 제게 말씀하셨습니다. 평생 우시는 걸 본 적이 없는지라 신선하기도 하고 의아하기도 했습니다. 요즘 부쩍 아버지의 그때 그 말씀이 떠오릅니다. 남자는 나이가 들면 문학소년처럼 감성이 풍부해지나 봅니다.

그런데 나이가 들면 좋은 감정뿐만 아니라 좋지 않은 감정도 풍부해집니다. 작은 일에도 곧잘 화가 납니다. 지하철이나 버스, 상점, 식당에서 큰 소리로 호통 치는 중장년들을 어렵지 않게 만날 수 있습니다. 오죽하면 일본에선 '폭주노인'이란 말까지 나왔겠습니까?

젊었을 때는 주변 사람들에 의해 이런 행동이 어느 정도 통제됩니다. 어렸을 때는 부모님이나 선생님이 있고, 사회에 나와서는 공적인 일로 만나는 인간관계들이 있기 때문에 언행을 반성할 기회를 가질 수 있습니다. 그런데 나이가 들수록 피드백을 주는 사람이 줄어듭니다. 이런 상태에서 세월이 5년, 10년 흐르다 보면 자신도 모르게 옆길로 크게 벗어나게 됩니다. '폭주어른'이 되지 않으려면 스스로 반성하고 성찰하는 수밖에 없습니다.

성찰이 필요한 이유는 또 있습니다. 삶의 불완전함을 메우기 위해서입니다. 누구나 삶의 이유와 목적을 찾고 싶어 합니다. 자신의 삶에 아무런 이유가 없다고 생각하면 인생이 허무해집니다. 삶이 원하는 대로 풀리지 않은 지인이 명리학을 공부하는 걸 보기도 했습니다. 그 나름의 성찰인 셈이지요.

살다보면 다양한 경험과 지식이 쌓입니다. 그만큼 회한도 많아집니다. 그 회한들이 가슴의 돌이 되어 나를 억누릅니다. 성찰을 통해 이러한 회한과 화해하고 새로운 의미로 바꿔야 합니다. 이는 의미 없어 보이던 조각들을 하나의 모양체로 만들어가는 거나 마찬가지입니다. 성찰이 있어야 삶의 의미를 찾고 긍정의 기반 위에서 발전적으로 인생의 전환점을 맞을 수 있습니다.

성찰은 정신적인 사치품이 아닙니다. 타인과 조화를 이루며 살아가는 방편이자 삶에서 행복을 길러내는 도구입니다. 인생 경험이라는 데이터에 생명을 불어넣고, 그 생명력이 인생을 의미 있게 만들어줍니다.

나는 나를 위해 살기로 했다

You only live once, that's the motto, YOLO
(한 번뿐인 인생 그게 좌우명이지, YOLO)

— 드레이크, 〈더 모토(The Motto)〉

욜로(YOLO)족이 유행입니다. 욜로는 '인생은 한 번뿐이다(You Only Live Once)'라는 말의 앞 글자에서 따온 단어입니다. 욜로족은 내 집 마련 같은 미래 계획 때문에 현재를 허덕이며 살지 말고 지금의 나에 대한 투자와 소비에 돈을 써야 한다고 생각하는 사람들입니다. 작지만 확실한 것을 이뤄내는 데서 행복을 찾는 소확행(소소하지만 확실한 행복)과 맥이 닿는다고 볼 수도 있습니다.

그런데 욜로의 원래 뜻은 이와 좀 다릅니다. 옥스퍼드 사전에 따르면 욜로는 '미래를 걱정하지 말고 현재에 집중하자는 것으로, 주로 충동적이고 부주의한 행동의 근거로 쓰이고 있다'고 합니다. 욜로라는 말은 2012년 래퍼 드레이크가 발표한 곡 〈더 모토〉의 가사(You Only Live Once)가 유명해지면서 대중화됩니다. 한마디로 '인생은 한 방. 뭐 별거냐'라는 뜻이지요. '오늘 직장 상사에게 꾸중 들었다. 사표 쓴다. 왜냐고? 욜로니까!' 이런 의미라고 보면 됩니다. 철없는 일을 하고 그냥 '욜로니까!'라고 답하는 것이지요.

이 단어가 우리나라에 들어와서는 뭔가 있어 보이는 긍정적인 의미로 바뀌게 됩니다. 팍팍한 현실에서 욜로는 '오지 않을 미래를 위해 현재를 희생하지 말고, 현재를 즐기고 현재에 집중하고 현재의 나에게 투자하자'라는 의미로 쓰이고 있는 것이지요. 우리나라 사람들은 스페인어 '올레(Ole)'도 좋아합니다. 아마 올레, 욜로 같은 말의 어감이 좋은가 봅니다. 욜로를 앞뒤 맥락 속에서 파악하는 게 아니라 '한 번뿐인 인생'이라는 의미만 가져오다 보니 원래의 뜻과는 조금 다르게 쓰이는 것 같습니다.

사실 '인생 한 번뿐'이라는 욜로는 젊은 세대보다는 인생의 전환점을 맞은 사람들에게 더 와닿는 말입니다. 한창 나이 때 '인생한 번이냐 두 번이냐'는 크게 관심 가는 주제가 아닙니다. 하지만 중년을 넘어서면 '내 인생은 어땠나? 잘 살았나? 나는 연극을 하고 싶었는데 먹고살 길을 찾다 보니 평생 술 마시며 영업만 하고 남은 건 말 안 듣는 자식과 삭아버린 얼굴뿐이네. 언제까지 이래야 하나? 인생은 한 번뿐이라는데'라는 후회와 미련이 생겨납니다. 이런 상황에야말로 욜로는 귀에 쏙 들어오는 단어입니다.

로마의 서정시인 호라티우스는 '카르페 디엠(Carpe Diem)'이라는 말을 남겼습니다. 영화 〈죽은 시인의 사회〉에서 키팅 선생님이 인용해서 더 유명해진 문장이죠. 문자 그대로 '현재를 꽉 잡아라'라는 뜻인데, 영화 속 키팅 선생님은 '시간이 있을 때 장미 봉오리를 거둬라'라고 해석했습니다. 이 문구는 17세기 영국 시인 로버트 헤릭의 시에 등장합니다. '오늘 활짝 웃고 있는 이 꽃이 내일이면 죽어갈 것이니 할 수 있는 동안 장미 봉오리를 모아라.' 마지막에 시인은 이렇게 말합니다. '그러니 수줍어하지 말고 그대의 시간을 활용하라(Then be not coy, but use your time).' 중년 이상인 분들에게 꼭 와닿는 말 아닙니까?

봉오리를 거두는 것은 젊음이들만의 특권이 아닙니다. 젊었을 때 품었던 봉오리를 거두지 못한 사람도 있습니다. 정작 내 봉오리는 품지 못하고 다른 일만 이리저리 건든 이도 있습니다. 비록 젊은 나날은 그렇게 보냈다 하더라도 인생 후반은 멋지게 살아야 하지 않을까요?

이 땅의 대다수 가장들은 인생 전반기를 가족을 위해 보냅니다. 그러나 인생의 중후반기에 접어들면 짐들을 내려놓고 나에게 좀 더 많은 시간을 투자하고 장미 봉오리를 모을 준비를 해야 합니다. 자신을 위해 살 시간이 어디 있느냐고 반문하는 분도 계실 겁니다. 그러나 지금의 중년 이하 세대에게는 무한한 가능성들이 펼쳐져 있습니다. 장수가 가져다준 축복 때문입니다.

그렇다고 어떤 길을 가든지 모두 좋다는 뜻은 아닙니다. 좋은 길이 있고 안 좋은 길도 있습니다. 자유와 방종, 무애(無礙)와 방탕(放蕩)은 구분해야 합니다. 계획도 세워야 합니다. 가족과 좋은 관계를 유지하고 몸과 마음이 건강해야 행복합니다. 재정적인 면은 기본이며 비재무적인 자산도 있어야 합니다. 사회 공헌도 중요합니다. 이런 요소가 모두 어우러질 때 나이 듦이 아름다워집니다.

제 인터넷 아이디에는 타오(tao-)가 들어가는데, 제법 제 마음에 듭니다. 타오는 도(道)의 중국 발음입니다. 영화 〈천녀유혼〉에서 퇴마사가 태극을 펼치며 "하늘에도 타오, 땅에도 타오"라고 외치는 장면이 나옵니다. 저의 꿈은 세상의 이치(도)를 깨닫는 것입니다. 지금도 어디에 있든 이 꿈만은 붙잡고 있습니다.

그런데 세상살이가 제 뜻대로 되나요. 첫 직장으로 은행에 들어가 지점에 근무하다가 경제연구소로 자리를 옮겼습니다. 외환위기 이후에는 자산운용사로 가서 채권 운용 업무를 10년 가까이 했습니다. 그러다가 다시 처음의 업인 연구소로 돌아와 은퇴와 자산관리에 관한 업무를 하고 있습니다. 은퇴연구소이다 보니 역시 팔자에도 없는 대중 강연을 많이 하게 됐습니다. 어머니는 가끔 제게 "아버지를 닮아 말주변이 없으면서 강의를 하고 다니냐"며 웃으십니다. 경제와 자본시장 관련 실무와 연구만 30여 년을 하면서 경제전문가, 노후 전문가가 됐지만 정작 '하늘의 타오, 땅의 타오' 근처에 가보지도 못한 것 같습니다.

앞으로 제 시간을 제 꿈에 가까이 가는 데 쓰려고 합니다. 계획은 여럿 갖고 있습니다. 70세를 넘기면 해외봉사를 나가서 거기서 삶을 마감하고 싶다는 생각도 하고, 얼후[二胡] 같은 악기를 연주해서 사람들의 심금을 울려보고 싶다는 꿈도 있습니다. '정의란 무엇인가'를 강의한 마이클 샌델 교수처럼 '투자란 무엇인가'라는 주제로 명강의를 하고 싶은 마음도 있습니다. 강의 차 전국 곳곳을 누비며 그곳의 낯선 사람들과 소통하길 바랍니다. 그 길에 가끔 아내와 함께한다면 금상첨화겠지요.

이 중 어떤 길을 가게 될지 혹은 전혀 다른 새로운 다른 길을 찾게 될지 모르겠습니다만 시작하는 다짐으로는 충분하지 않을까요? '이제는 나를 위해 살겠다. YOLO!'

낮의 잔재

젊은 사랑은 지나갔지만 남아 있는 날들에도 희망은 있다.

— 소설 《남아 있는 나날》에서

아내는 가끔 스무 살 때로 돌아가면 무얼 하고 싶은지 물어보곤 합니다. 50년 이상 살면서 마음에 회한이 쌓인 것 같습니다. 똑같이 공부했는데 결혼 후 첫째를 키우면서 10년간 다니던 직장을 그만두고 밥솥이랑 애 둘과 함께 평생을 보내야 했으니 그 심정 충분히 이해가 갑니다.

아내는 저를 만나러 광화문에 나오면 직장인들이 밥 먹으러 몰려 나가는 걸 부러운 눈으로 쳐다봅니다. 결혼 때문에 해외 공관에 나갈 기회를 놓쳤는데 지금도 공관에 나가 해외에 머무르는 동료들 이야기를 가끔 합니다. 이런 회한들이 아내의 주변을 맴돌고 있는 것이지요.

인간은 낮에 열심히 활동하고 밤에 꿈을 꿉니다. 낮에 활동하면서 쌓인 찌꺼기가 꿈으로 발현되고 꿈을 통해 찌꺼기를 해소합니다. 정신분석학자 지그문트 프로이트가 해석한 마음의 메커니즘에 따르면, 이를 '낮의 잔재(day residue)'라고 합니다.

잔재는 낮과 밤에만 있지 않습니다. 인생을 통틀어서 도도한 흐름으로 자리 잡고 있습니다. 인생 전반기에 충족되지 않은 소망이 인생 후반기에 영향을 주기도 합니다. 충족되지 않은 소망이나 강한 충격이 무의식에 남아 한 사람의 성격을 형성하듯, 인생 전반기의 잔재가 나머지 인생을 왜곡하기도 합니다. 어떤 분은 그런 상처 때문에 산 속에 들어가 살거나 심지어 인적 드문 자연 속에 살면서도 창 없는 집에 자신을 가둡니다.

일본에서 태어나 어렸을 때 영국으로 건너가 작가가 된 가즈오 이시구로의 소설 《남아 있는 나날》에도 비슷한 이야기가 등장합니다(이 소설은 앤서니 홉킨스와 엠마 톰슨이 주연한 동명의 영화로 나와 있으니 이를 보셔도 좋습니다). 제목 '남아 있는 나날'은 인생 전반기를 살아오면서 아직도 마음속에 남아 있는 회한과 미련을 의미합니다. '젊은 그날의 잔재'라고 말하는 게 더 정확한 표현일 겁니다.

저명한 영국 귀족 가문의 집사로 평생을 보낸 스티븐스는 말년에 6일간 생애 첫 여행을 떠나면서 자신의 인생을 돌아봅니다. 스티븐스는 집사 일에 충실한 것이 올바른 삶이라고 믿었습니다. 그래서 중요한 행사를 치르느라 아버지 임종도 지키지 못했습니다. 마음에 둔 켄턴 양에게조차 집사 직무에 충실해야 한다는 이유로 속마음을 표현하지 못했습니다. 결국 켄턴 양은 다른 남성을 만나 저택을 떠납니다.

그토록 충실히 살았는데도 불구하고 여행을 하는 내내 스티븐스는 자신이 올바른 길을 걸었는지 반추합니다. 자신이 모셨던 주인이 친나치 외교 정책으로 의도치 않게 매국적인 행동을 하다 보니 주인을 모셨던 자신도 오해받게 되었기 때문입니다. 나무랄 데 없는 품성을 가진 주인이라 스티븐스의 갈등은 커집니다. 그뿐 아니라 마음 깊은 곳에는 켄턴 양에 대한 그리움이 여전히 남아 있습니다. 결혼 생활이 불행하다고 써놓은 그녀의 편지를 보며 혹시 다시 함께 일할 수 있지 않을까 하는 미련도 가지고 있습니다.

스티븐스는 여정의 마지막에 벤 부인이 된 켄턴 양을 만납니다. 다시는 볼 수 없을지도 모를 이별을 몇 분 앞두고도 스티븐스는 자신의 마음을 말하지 못하고 겉돌기만 합니다. 이때 켄턴 양이 마지막 고백을 합니다. "저는 스티븐스 씨 당신과 함께했을 수도 있는 삶을 상상하곤 한답니다"라고. 스티븐스는 이 말에 큰 충격을 받습니다. 자신의 삶에 대한 후회가 극에 달하면서 카오스 그 자체가 됩니다. 켄턴 양과 헤어지고 극도의 긴장 상태에서 저녁 무렵 선창가를 걷고 있는데 한 노인이 말을 걸어옵니다.

"저녁은 하루 중에 가장 좋은 때지요. 당신은 하루의 일을 끝냈어요. 이제는 다리를 쭉 뻗고 즐길 수 있어요. 내 생각은 그래요. 하루 중 가장 좋은 때는 저녁이오."

스티븐스는 깨닫습니다. 인생은 기여하고자 '노력하는' 것으로 충분하며 결과가 어떻든 그 자체만으로 긍지와 만족을 느낄 만하다고. 그리고 선창에 모인 생면부지의 사람들이 서로 농담을 주고받으며 가까워지는 것을 보면서 저렇게 농담을 하며 사는 것도 좋겠다고 생각합니다. 그는 저택에 돌아가면 새로운 미국인 고용주에게 맞는 농담을 연습해야겠다는 다짐을 하며 '그날의 잔재들'과 화해합니다.

자동차가 달리면 매연이 나오듯 오랜 세월을 달리다 보면 삶의 잔재들이 쌓입니다. 중장년들에게 인기가 있는 〈나는 자연인이다〉 같은 TV 프로그램을 보면 삶의 잔재들이 얼마나 다양하고 깊은지 엿볼 수 있습니다. 이런 잔재가 평생 우리를 사로잡고 왜곡합니다. 불꽃이 번쩍 튀더라도 그 옆에 아무것도 없으면 그걸로 끝납니다. 하지만 옆에 휘발유 통이 있으면 폭발하게 됩니다. 이런 잔재들을 제대로 치우지 못하면 휘발유 통이 됩니다. 폭발하지 않더라도 잠을 잘 못 이루고 우울증을 앓기도 합니다. 낮의 잔재들과 화해하고 휘발유 통을 치워버려야 합니다. 방법이 없을까요?

흔히 대인관계를 넓히고 햇볕도 쬐고 새로운 일에 도전하라는 말들을 합니다. 물론 필요한 일입니다. 그러나 그전에 해야 할 일이 있습니다. 바로 나를 긍정적으로 **바라보기**입니다. 나를 긍정해야 밖에도 나가고 사람을 만나고 새로운 일을 할 수 있습니다.

불교에서는 내 삶의 잔재를 긍정하기 위해서는 관점을 바꾸면 된다고 하지만 그건 말처럼 쉬운 일이 아닙니다. 스님들이 평생 하나의 화두에 매달리며 수행하는 것을 보면 관점 바꾸기란 말처럼 쉽지만은 않아 보입니다. 하지만 올바른 방향으로 나아가는 걸음을 멈춰선 안 됩니다. 낮의 잔재와 화해하고 전반기의 나를 긍정하는 방향으로 나아가야 합니다. 심리학자 알프레드 아들러는 과거의 경험이 미래를 규정짓는 것이 아니라 경험을 어떻게 해석하느냐에 따라 미래가 변한다고 봤습니다.

제 어머니는 아버지의 얼굴도 한 번 못 보고 결혼하셨습니다. 시집을 와서도 남편은 타지에 나가 있고 네 곳의 공장을 운영하시던 시어머니와 함께 일을 하셨습니다. 게다가 외가는 전형적인 불교 집안이었는데 시집와서는 교회를 다녀야 했습니다. 소설 한 권을 쓸 만한 '그날의 잔재'들이 쌓이고 쌓였을 겁니다. 하지만 어머니는 그 잔재들 모두를 '내가 이 집에 와서 하나님을 믿는 축복을 받게 되었다'라는 사실 하나로 태워버렸습니다. 물론 그 잔재들이 완전히 사라진 건 아니지만 적어도 노년의 삶을 괴롭히지는 않았습니다. 방법은 제각각이겠지만 삶을 긍정적으로 재해석하려는 노력이 필요합니다. 낮의 잔재와 화해해야 나를 위해 살 수 있습니다.

선이냐 점이냐

본능, 운명, 삶, 업보. 그게 무엇이든 간에
결국 점들이 연결되어서 하나의 길을 만들리라는 것을 믿게 된다면
마음이 움직이는 대로 따르는 것에 자신감을 가지게 될 것입니다.

— 스티브 잡스

'연필 떼지 않고 한번에 그리기' 게임을 아시나요? 이 게임은 이전에 어떤 경로를 따라 선(線)을 그렸느냐가 성패를 좌우합니다. 앞으로 내가 아무리 최선을 다하더라도 이전에 잘못된 선을 따랐으면 원하는 그림을 완성할 수 없습니다. 그래서 이 게임을 하다보면 절반도 그리지 못한 상태에서 실패했다고 펜을 던지는 경우가 많습니다. 그림을 그리다가도 마음에 안 들게 그려지면 더 그릴 의욕이 없어집니다. 이 경우 미래는 과거에 종속된다고 말할 수 있습니다.

반면 점으로 그림을 그린다고 생각해봅시다. 점을 찍어 그린 그림은 아무리 점이 촘촘해도 확대하면 단절되어 있음을 볼 수 있습니다. 선으로 이어진 것과는 전혀 다른 불연속 속성을 지니고 있는 것이지요. 과거에 내가 어떤 점을 찍었느냐에 종속되지 않고 어디로든 점프가 가능합니다. 미래의 점은 과거의 점과 독립되어 움직입니다. 찍힌 점들이 어떤 순서로 연결되느냐에 따라 그림 자체가 달라지기도 합니다. 선에 비해 자유도가 훨씬 높은 셈입니다. 여기에서 우리는 인생의 전환점에서 인생관을 어떻게 가질 것인가, 그 실마리를 얻을 수 있습니다.

나이 듦을 선으로 보는 인생관이 있고 점의 집합으로 보는 인생관이 있습니다. 전자는 원인과 결과로 촘촘하게 엮여 있어서 미래가 과거에서 벗어나기 어렵습니다. 프로이트는 어렸을 때의 경험이 무의식에 축적되어 인간의 행동을 결정한다고 했습니다. 사람에게 자유의지가 없다고 선언한 셈이죠.

인간의 행동이 과거에 의해 결정된다는 면에서 선 그리기 게임이나 프로이트의 심리관은 일견 비슷한 면이 있습니다. 마치 인생을 결정하는 식이 있어서 설명변수 값(과거의 행동)이 대입되면 결과인 종속변수(미래의 행동) 값이 자동으로 툭 튀어나온다는 식입니다. 이런 시각에서 보면 인생 후반의 삶은 전반부의 일들에 의해 상당부분 결정 난다고 말할 수 있습니다.

인생을 점의 집합으로 보는 관점에서 점은 여러 사건의 집합이라 볼 수 있습니다. 80년을 살았고 하루에 평균 100개의 사건이 있었다면 한 사람의 삶에서 292만 개의 사건이 일어나는 셈입니다. 작은 사건까지 감안하면 이보다 훨씬 많을 수도 있고, 큰 사건만 추린다면 더 적을 수도 있습니다. 이런 사건들은 무의미하게 나열되어 있을 수도 있고, 마치 점묘법으로 그린 그림처럼 의미 있는 모습을 이룰 수도 있습니다. 점들을 어떻게 연결하느냐에 따라 다양한 모양을 만들 수 있습니다.

애플의 창업주 스티브 잡스는 스탠퍼드대학교 졸업식에서 점들의 연결(connecting the dots)을 강조했습니다. 우연인 듯한 인생의 점들이 의미 있게 연결되는 게 삶이라고 했죠. 그는 자신에게 일어난 사건들(양부모를 만난 것, 대학 중퇴, 글씨체 공부, 애플 창업 등)이 그 당시에는 몰랐지만 세월이 흐르고 보니 모두 연결되더라고 말했습니다. 그래서 '지금·현재'의 점을 찍는 데 최선을 다하고 옆에 앉아 있는 사람들이 하나의 점이 되니 그 인연을 소중히 여기라고 강조했습니다.

선과 점의 인생관은 모양을 만들어간다는 데 있어서는 유사해 보입니다. 하지만 선의 인생관은 자신이 과거에 그린 그림을 자꾸만 쳐다보게 만듭니다. 이미 그려진 그림은 지울 수 없어서 미래에 과거를 재해석하기도 어렵습니다. 반면에 점의 인생관은 과거에 찍었던 점들에 연연하지 않고 현재의 점에 집중하게 합니다. 점으로 이루어진 집합은 세월이 흘러서야 그 의미를 깨닫게 되거나 관점에 따라 그림이 다르게 보이기도 합니다. 그래서 인생을 점의 집합으로 보는 사람은 과거에 연연하지 않고 현재의 점을 찍을 때도 완벽한 해법을 찾지 않습니다. 어차피 현재의 눈으로는 완벽한 점의 위치를 알 수 없으니까요.

히브리인들은 하루하루가 새롭게 시작된다고 보았습니다. 그래서 해 지기 전, 낮에 가졌던 분한 마음을 풀라고 했습니다. 히브리인들은 해 질 무렵을 하루가 시작되는 때로 봤기 때문에 새로운 날이 시작되기 전에 마음을 풀라는 뜻이었지요. 그뿐 아니라 7년이 일곱 번 지나고 난 뒤 50년째인 희년(禧年)에는 모든 것을 풀어주고 새로이 시작했습니다. 노예에게도 자유가 선포되어서 희년이 가까워지면 노예의 가격이 달라졌다고 합니다.

'점의 인생관'을 가져보는 게 어떨까요? 점의 인생관은 과거의 선에 연연해하지 않습니다. 과거의 성공한 그림에 집착하면 변화한 삶을 받아들이기 힘듭니다. 대다수 은퇴자들이 새로운 일자리를 구하기 어려운 이유 중 하나가 변화한 환경을 받아들이지 못하고 여전히 과거에 머물러 있어서입니다. 그러나 점의 인생관으로 세상을 보면 과거의 성공뿐 아니라 과거의 실패에서도 자유로울 수 있습니다. 무엇을 완성하고 이루어야 한다는 데 집착할 필요도 사라집니다. 따지고 보면 인생은 우리 뜻대로 돌아가지 않습니다. 언제 갑자기 아플지 혹은 세상을 떠날지 알 수 없어집니다. 원대한 계획을 가진 사람은 자신이 언제 아플지 언제 죽을지 몰라 초조해하고 삶에 집착하게 됩니다. 그런데 점의 인생관으로 보면 그 순간순간에 최선을 다하면 그만입니다. 우리가 살고 있는 '현재, 그리고 여기'에 최선을 다해 점을 찍으면 됩니다. 그 점들이 언제 끝났든지 간에 의미 있게 연결하는 것은 내 몫이 아니라 하늘의 몫입니다. 멀리서 바라보면 가까이에서는 미처 볼 수 없었던 모습이 보일지도 모릅니다. 나는 다 끝내지 못했다고 생각했는데 이미 훌륭한 그림이 되어 있을 수도 있습니다.

하늘의 별을 보십시오. 옛 사람들은 총총하게 박혀 있는 별을 이어 그림을 만들고 이름을 붙였습니다. 곤봉을 들고 있는 오리온자리는 그중 하나입니다. 의미없는 별의 나열에 고대인들은 결혼을 반대한 오빠 아폴론의 음모에 속아 자기 손으로 연인 오리온의 머리를 활로 쏘아 죽인 비극의 주인공 아르테미스 이야기를 담았습니다. 우리도 삶이라는 캔버스에 찍힌 점을 별자리를 풀어내듯 새롭게 그려내면 어떨까요?

인생의 전환점에 이르면 인생관을 재정립해야 합니다. 철인(哲人)이 아닌 이상 선과 점 중 어떤 인생관이 답이라고 판단하기는 어렵겠지만 어떤 인생관을 가졌을 때 이후의 삶이 행복해질 지는 선택할 수 있습니다. 저는 선의 인생관보다는 점의 인생관에 더 끌립니다. 선이 옛 술 부대를 계속 갖고 있는 것이라면 점은 새 부대를 갖는 것입니다. 인생 2막이라는 새 술은 새 부대에 담아야 합니다. 걸음을 내딛듯 힘차게 점을 찍어봅시다.

경제학자가 본 행복의 조건

행복에도 한계효용의 법칙이 적용된다.

— 리처드 이스털린

심리학이나 정신분석학의 주된 목적은 인간의 마음을 이해하고 치료하는데 있습니다. 프로이트, 칼 구스타프 융, 아들러 등 저명한 학자들은 인간의 이상 행동 이면에 놓인 굴절되고 뒤틀린 심리에 주목했습니다. 그러다 보니 사람들이 죄다 정신이상자인 것처럼 보였습니다. 찰스 다윈이 사람을 원숭이의 자손으로 만들더니 프로이트는 그 자손마저 정신적 결함투성이로 본다는 볼멘 목소리가 나왔습니다.

여기에 반발해 등장한 것이 긍정심리학입니다. 긍정심리학은 한 개인 안에도 긍정과 부정이 혼재되어 있으며 이를 잘 조절하면 행복하게 살 수 있다고 말합니다. 빛이 비치면 어둠이 자연히 사라지듯 사람이 행복해지면 왜곡된 심리도 없어질 거라 생각하면 일리가 있습니다. 행복을 연구하는 심리학자들은 '좋아하는 사람과 맛있는 것 같이 먹기' 혹은 '여행하기' 등과 같이 행복해지기 위한 구체적 방법들을 이야기합니다.

통계와 숫자를 다루는 경제학자들도 행복의 이유를 분석했습니다. 심리학이 사람을 대상으로 실험하는 방식을 쓴다면 경제학은 자료를 바탕으로 계량적인 분석을 하는 방식을 주로 사용합니다. 경제학자의 시각으로 행복을 분석한 책으로 브루노 프라이가 쓴 《행복, 경제학의 혁명》이 있습니다. 경제학자들이 찾은 행복의 조건을 살펴볼까요.

이 책은 행복을 노골적으로 추구할수록 행복과 멀어진다고 주장합니다. 연구에 따르면 멋있는 파티를 계획한 사람은 그렇지 않은 사람보다 파티가 끝난 후에 실망감이 컸습니다. 좋아하는 사람과 맛있는 음식을 먹는 것도 하루이틀이지 계속하면 효용이 떨어집니다. 정리하자면, 의도적인 행동으로 행복을 추구하면 일시적인 만족감은 얻을지언정 지속적인 만족감을 얻기는 어렵습니다. 만족감을 지속하기 위해서는 더 강한 만족감이 이어져야 하기 때문입니다. 이처럼 기대와 현실의 괴리, 그리고 더 강한 만족감이 이어질 수 없는 현실은 행복을 추구하는 행동이 행복을 가져다주지 못하는 모순에 빠지게 합니다.

그렇다면 지속 가능한 행복은 무엇일까요? 행복은 단기적 또는 연이은 희열의 추구가 아니라 장기적인 '좋은 삶'이 가져다주는 결과물입니다. 영화 〈국제시장〉에서 가족을 위해 사느라 자신의 인생이 없었던 주인공 덕수가 아버지의 영정 사진을 보면서 "이만하면 내 잘 살았지예"라고 하는 대사에 묻어 있는 마음입니다. 이런 삶은 겉보기에는 앞만 보고 뛰어온 것 같지만 내면적인 충실성이 충만한 만족할 만한 삶입니다. 신경증과 우울증에 시달린 철학자 루트비히 비트겐슈타인은 행복하지는 않았지만 죽음을 앞두고 자신의 삶에 만족한다고 했습니다.

경제학자들은 돈과 행복의 상관관계도 알아보았습니다. 결론부터 말하면 돈은 어느 수준까지는 행복을 결정하는 데 있어 필수 요소이지만 그 이상이 되면 중요한 변수가 아닙니다. 이를 '이스털린의 역설(Easterlin Paradox)'이라고 합니다. 소득이 증가해도 행복이 증가하지 않는다는 사실을 발견한 리처드 이스털린의 이름을 딴 이론입니다. 미국, 영국, 벨기에, 일본 등의 국가에서 1인당 국민소득이 몇십 년 동안 크게 상승했는데도 평균적인 행복 수준은 거의 그대로이거나 하락했다는 연구 결과들이 그의 이론을 실증적으로 뒷받침하고 있습니다.

2000년 초에 실시한 세계가치조사에서는 63개국을 대상으로 1인당 국민소득과 평균적인 삶의 만족도 사이의 관계를 살펴보았습니다. 1인당 국민소득이 1만 달러(한 가구가 3명이라면 가구소득은 3만 달러가 됩니다)가 될 때까지는 삶의 만족도가 올라갑니다. 그러나 1만 달러를 넘어서면 1인당 국민소득과 삶의 만족도 사이의 상관관계는 거의 사라집니다. 1인당 국민소득이 5만 달러인 국가와 1만 달러인 국가를 비교하면 삶의 만족도가 비슷하게 나타나는 것이지요. 1인당 국민소득이 1만 달러 이상 되면 행복을 결정하는 요인은 소득이 아닌 다른 곳에 있다는 뜻입니다.

반면 일과 행복은 밀접한 관계를 갖습니다. 실업 상태가 행복에 미치는 영향은 부(-)로 나옵니다. 1975년부터 1992년까지 유럽 12개국을 대상으로 조사한 개인별 자료에 의하면 다른 조건이 동일할 경우 실업 상태가 고용 상태에 있는 것보다 삶의 만족도가 훨씬 낮았습니다. 실업은 삶을 극도로 불행하게 만드는 요소로 이혼이나 별거 등 다른 어떤 요소보다 삶의 안정감을 떨어뜨리는 것으로 조사됐습니다.

여기서 주목할 만한 점이 있습니다. 실업이 사람을 불행하게 만드는 이유는 소득이 줄어들어서 만이 아닙니다. 소득 요인을 통제하고 조사를 해봐도 실업은 사람을 불행하게 만들었습니다. 다시 말하면 실업급여를 받더라도 일을 하지 않으면 불행하다는 뜻입니다. 일에 몰두하는 사람일수록 실업의 고통은 컸습니다. 실업은 건강 상태를 나빠지게 하고 사망률을 높이며 자살할 가능성도 키웁니다. 이는 실업 상태에 빠진 사람들은 매우 큰 비금전적 비용을 지불해야 한다는 것을 의미합니다.

경제학자들은 행복하기 위해서는 내재적 속성을 가진 활동을 많이 하라고 조언합니다. 내재적 속성의 활동은 타인과의 연결, 자신의 유능감, 자율성, 참여 등과 관련있고 외재적 속성의 활동은 재화의 소비, 지위, 소득, 명예 등과 관련있습니다. 예를 들어 가족이나 친구와 함께 여행하는 경우는 내재적 속성이 강한 활동을 하는 셈입니다. 그런데 사람들은 외재적 속성의 활동을 할 때 더 큰 효용감을 느낀다고 착각합니다. 승진하기 위해 열심히 일하고 돈을 벌어 명품 가방을 사면 행복하다고 생각합니다만 실제 만족도는 내재적 속성의 지출과 활동이 더 높습니다. 왜일까요?

내재적 속성의 활동은 반복해도 지겹지 않습니다. 친구와는 자주 식사를 해도 만족감이 크게 떨어지지 않습니다. 오히려 만날 때마다 새로운 경험과 정보를 나누고 감정을 치유합니다. 동창회나 작은 모임들이 오래 지속되는 이유입니다. 자신이 좋아하는 일을 하는 사람은 몰입하기에 그 일을 아무리 오래해도 만족감이 떨어지지 않고 오히려 증가합니다. 이런 경험은 행복이란 이름으로 뇌에 오래 저장됩니다.

반면에 외재적 속성의 활동은 쉽게 지겨워지고 경험의 기억도 오래 가지 않습니다. 명품 가방을 사도 조금 지나면 행복감이 사라져버리고 또 새로운 가방을 사고 싶어집니다. 꿈꾸던 자리에 올라가도 성취감은 잠깐이고 더 높은 곳을 바라봅니다. 이는 갈증이 날 때 바닷물을 마시는 거나 마찬가지입니다.

끝으로 경제학자가 제안하는 일상이 행복해지는 방법론을 간략하게 정리해보겠습니다.

- 행복해지기 위해서는 행복이라는 단어를 까먹어야 합니다. 노골적으로 행복을 추구하지 말고 장기적으로 좋은 삶을 살아야 합니다.
- 돈은 필요하지만 많은 돈이 행복을 가져다주는 것은 아니므로, 돈을 버는 데 집중되었던 자원을 적절히 재배치해야 합니다.
- 무엇보다 일을 해야 합니다. 금전적 가치 외에 비금전적 가치가 크기 때문입니다. 다만 인생 후반전에는 일이 주인이 되고 자신이 노예가 되어서는 안 됩니다.
- 내재적 속성의 활동을 의도적으로 늘려야 합니다.

나는 앉아서 소변본다

║

적자생존(적는 자만이 살아남는다)

최근 충격적인 대화가 세 번 있었습니다. 한 번은 고등학교 친구 모임에서, 또 한 번은 아내가 병원에서 옆의 두 할머니의 대화를 듣고 재미있어 옮겨준 것입니다. 마지막은 어머니와 전화 통화를 하면서 이루어진 대화입니다. 상대는 모두 달랐습니다만 주제는 비슷합니다. 모두 나이 들면서 일어나는 변화에 적응해가는 모습들입니다.

첫 번째 대화

고등학교 친구 아홉 명이 광화문에서 점심 모임을 가졌습니다. 나중에 연금 많이 받을 친구가 밥을 사야 한다는 둥, 누구의 연금 가치는 20억 원이 넘는다는 둥 주로 재미없는 돈 이야기가 오고가던 중 제가 다른 화제를 꺼냈습니다. 친한 친구가 아내가 싫어하는 일을 굳이 할 필요 있겠냐며 앞으로 집에서는 변기에 앉아 소변을 보기로 했다는 이야기를 했지요. 이런 사람도 있으니 너희들도 가서 아내에게 잘하라는 취지였습니다. 그런데 옆에 앉은 친구의 답이 충격적이었습니다.

"넌 아직도 서서 소변보냐?"

충격적인(?) 고백은 수건돌리기 하듯 이어졌습니다. "우리 집은 나랑 아들이랑 모두 그런다." "허허 아직도 저런 인간이 있나? SNS에 김경록이는 집에서 서서 소변본다고 올려야겠네." 한 바퀴 쭉 돌고 마지막 친구가 쐐기를 박았습니다. "나는 내가 화장실 청소하기 때문에 귀찮아서 앉아서 소변본다."

세상이 이렇게 변한 줄 몰랐습니다. 저는 이 이야기를 꺼내면 친구들이 별 궁상을 다 떤다고 할 줄 알았습니다. 그러나 그사이 저 빼고는 모두들 생각이 바뀌었나 봅니다. 5년 전만 하더라도 울산에서 강의할 때 앉아서 소변보는 친구 이야기를 했더니 청중 중에 60대 정도 되는 남성분이 큰 소리로 "그건 사내새끼도 아냐!"라고 했습니다. 10살 정도 차이면 사고방식이 완전히 다를 수도 있다는 것과 우리나라 사람들의 적응 속도는 실로 놀랍다는 것을 깨닫게 됐습니다.

두 번째 대화

아내가 병원에서 진찰 순서를 기다리는데 할머니 두 분이 이야기를 나누고 있었습니다. 두 분은 초면입니다. A 할머니가 B 할머니에게 무엇 때문에 병원에 왔는지 물어봤습니다. B 할머니는 혈압약을 타러 왔다고 답한 뒤, 아무렇지도 않게 "영감이 1주 전에 열흘 정도 앓다가 죽었는데 갑자기 세상을 떠나고 나니 기분이 좀 이상하다"고 말했습니다.

B 할머니는 나이가 82세라고 합니다. 그러자 88세인 A 할머니가 이렇게 답했습니다. "그 정도면 괜찮아요. 우리 영감은 15년 전에 죽었는데 5년을 대소변 받아내고 갖은 고생을 시키고 죽었어. 그쪽 영감은 열흘 앓고 죽었다니 댁은 복 받았네. 그냥 맘 편히 지내셔." 잠시 후 B 할머니가 아들 내외가 외국에 있는데 들어와서 같이 살자고 해서 고민하는 중이라고 했더니, 나이가 많은 A 할머니가 자식이고 뭐고 간에 혼자 사는 게 제일 편하니 들어가지 말고 혼자 살라고 말했답니다.

아내는 두 할머니가 남편이 죽은 일을 아무렇지도 않게 얘기하는 걸 보고 신기했다고 했습니다. 1주 전에 남편이 세상을 떠났는데도 담담하게 얘기하는 게 이해하기 어려웠나 봅니다.

세 번째 대화

밤에 퇴근길에 어머니께 전화를 드렸습니다. 무뚝뚝한 아들이 평소에 전화를 자주 안 하니 통화할 때마다 입버릇처럼 "나 죽으면 통화하고 싶어도 못 하니 지금 자주 해라"라고 말씀하십니다. 그날은 2주도 넘어 전화한 거 아니냐고 물어보시길래 무슨 천부당 만부당한 말씀이냐고 1주일 만이라고 항변했습니다.

그랬더니 하시는 말. "가만 있어봐라. 내가 수첩에 그날을 적어 놓았는데 확인해보면 알 거다." 하시는 게 아닙니까? 형사가 피의자 앞에 녹음기를 던지면서 "그럼 한번 들어볼까" 하는 것 같은 상황이었습니다. 어머니의 기록에 따르면 정확히 12일 만에 전화한 것으로 밝혀졌습니다. "혹시 그날 작은누나가 와 있다고 했는데 그날 확실합니까?"라고 물었더니 수첩에 방문했다고 적혀 있는 걸 보니 그날이 확실하다고 하십니다. 변명의 여지가 없었습니다.

89세 어머니는 기억력이 떨어지니 수첩이라는 외장 메모리를 준비하셨던 겁니다. 나이 든 사람의 기억력은 항상 의심 받으니 대책을 마련한 것이지요. 약간 불편하지만 그래도 훌륭한 방법입니다.

노년은 화성으로 가는 우주선을 타고 있는 거나 마찬가지입니다. 화성에 가면 무엇이 있을지 알 수 없듯 노년도 미지의 세계입니다. 늙어가는 것, 직업이 없어지고 나를 부르던 직함이 사라지는 것, 가까운 사람들과 이별하고 종국에는 나도 이 세계와 이별해야 하는 것. 모두 가보지 않은 길입니다. 하지만 노년을 맞은 사람들의 세 에피소드를 보면 모두 나름의 방식으로 적응하고 있어 걱정할 필요는 없을 듯합니다.

친구들이나 두 할머니, 그리고 제 어머니는 그냥 보통 사람입니다. 그럼에도 불구하고 환경이 변하니 자연스럽게 거기에 맞춰 변했습니다. 저 또한 그들처럼 그렇게 수용하며 자연스럽게 변하길 바랍니다. 수많은 사람이 지금도 늙고 죽어갑니다. 기원전 5만 년 전부터 지금까지 사망한 사람은 1000억 명에 달한다고 합니다. 나이 듦은 피하고 싶은 불행이 아니라 누구나 겪는 과정입니다. 이를 알고 자연은 인간에게 적응의 유전자를 주었나 봅니다. 오지 않은 미래에 미리 겁먹을 필요는 없겠다 싶습니다.

역할과 책임이라는 동력

사람이 된다는 것은 책임을 아는 것이다.

— 생텍쥐페리

어렸을 때 집집마다 물건을 팔러 다니는 전자제품 외판원을 보노라면 카세트 덩어리가 움직이는 것 같았습니다. 목을 가로질러 큼지막한 카세트 플레이어 두 개를 메고 양손에 하나씩 들고 가는데 가끔은 목까지 걸다 보니 카세트 플레이어가 다섯 개나 몸에 달려 있었습니다. 무엇 때문에 저 아저씨는 무거운 짐을 지고 있을까, 어린 저는 궁금했습니다.

　그때는 몰랐지만 지금은 이유를 압니다. 카세트 플레이어를 많이 팔아서 아내에게 "여기 쌀값 있소"라고 자랑스럽게 돈을 건네

주거나 예쁜 딸에게 운동화 한 켤레 사주는 기쁨 때문이었을 겁니다. 혼자의 삶만 책임져야 한다면 그 정도로 열심히 살지는 않았을 겁니다. 삶은 책임과 기쁨이 교차하면서 마치 음과 양이 세상을 운행하듯 그렇게 움직입니다.

앙투안 드 생텍쥐페리의 《인간의 대지》는 항공기 조종사들이 삶의 터전이자 동시에 끊임없이 고난을 던져주는 대지(大地)와 더불어 살아가는 이야기입니다. 1920~1930년대에 비행은 위험이 많이 따르는 일이었습니다. 요즘과 비교하면 많이 죽고 많이 조난을 당했지요. 생텍쥐페리 역시 리비아 사막에 추락해 중상을 입기도 했습니다. 종국엔 비행기 추락 사고로 생을 마감합니다. 《인간의 대지》에는 비행 동료 기요메가 안데스산맥에서 조난당했다 살아 돌아온 이야기가 나옵니다. 잠깐 살펴볼까요.

기요메는 안데스산맥 6900미터에서 조난을 당합니다. 당시에는 이 정도 높이에서 조난을 당하면 살아 돌아오기 어려웠습니다. 안데스산맥은 5000미터를 넘는 곳부터 만년설로 덮여 있습니다. 그는 눈 속에 임시 대피소를 파고 48시간을 기다리다 폭풍설이 멎자 영하 40도 추위를 무릅쓰고 닷새 낮과 나흘 밤을 걷습니다. 걷다 보니 생명줄이 되어줄 비상용품조차도 없어져버립니다.

기요메는 그만 고통에서 벗어나려 대지에 엎드립니다. 눈의 포근함 속에서 모든 것을 포기하려는 순간, 번뜩 아내가 생각납니다. 보험증서가 있으니 비참한 생활은 하지 않겠지! 그런데 실종되면 법정 사망 선고가 내려지기까지 4년을 기다려야 보험금을 받는다는 사실이 머릿속에 번갯불처럼 떠오릅니다. 기요메는 50미터 앞의 바위를 봅니다. 잘 보이는 바위 위에서 죽으면 여름날 시체가 발견될지도 모르겠다는 생각으로 다시 일어섰는데 그대로 이틀 밤과 사흘 낮을 걸어 기적적으로 구조됩니다.

생텍쥐페리는 기요메의 위대함은 책임감에 있다고 보았습니다. 자기에 대한 책임, 우편물에 대한 책임, 희망을 품고 있는 동료들에 대한 책임, 계속 걷고 있을 것이라는 아내의 희망에 대한 책임 말입니다. 표면적으로는 같은 죽음일지라도 책임을 알고 있었느냐에 따라 의미가 달라진다고 보았습니다. 그래서 생텍쥐페리는 책임을 지고 있는 삶의 의미를 강조합니다.

책에는 스페인 내전 때 마드리드 전선 특파원으로 가서 겪은 일상도 담겨 있습니다. 1936년 스페인 인민전선 내각이 성립되자 프랑코 장군이 이끄는 군부가 반란을 일으키면서 치열한 내전이 시작됩니다. 독일과 이탈리아가 프랑코 장군을 지원한 반면에 영국과 프랑스는 불간섭 정책을 취했습니다. 이에 스페인뿐 아니라 여러 나라 젊은이들이 공화주의를 지키기 위해 민병대로 참여합니다. 이들은 누가 시킨 것이 아니라 각자의 신념을 지키고자 전장으로 달려갔습니다. 그래서 행동들도 달랐습니다.

책에는 곧 있을 돌격 명령이 삶의 마지막이 될 수 있다는 것을 아는데도 깊은 잠에 빠졌다가 깨우자 "시간이 됐나?"라고 대수롭지 않게 묻는 스페인의 어느 중사가 등장합니다. 그는 바르셀로나에서 회계원으로 일하다가 공화파로 스페인 내전에 참전했습니다. 그의 마음속에 응당히 피어난 정의에 대한 책임감 때문이었지요. 마드리드 전선에서는 한 병사가 참호에서 떨어진 곳에 수염 난 농부들을 앉혀놓고 식물학을 가르칩니다. 작가는 이들을 관찰하며 이들이 죽음을 앞두고도 평화로운 이유를 아무리 하찮은 일일지라도 그들의 역할을 의식하고 있었기 때문이라고 보았습니다. 그래서 인간은 '역할'을 의식하고 있을 때야 비로소 행복하다고 말합니다. 《인간의 대지》에서 생텍쥐페리가 던지는 메시지는 삶의 의미는 책임과 역할에 있다는 것입니다.

나이 들수록 우리에게선 책임과 역할이 하나둘씩 덜어집니다. 자녀에 대한 책임, 직장에서의 책임, 부모에 대한 책임들이 나를 떠납니다. 그러다 어느 날 짐이 모두 내려진 내 어깨를 발견할지도 모릅니다. 아이러니하게도 짐이 내려지면서 삶의 의미도 같이 내려집니다.

엄마들은 자녀에 대한 책임감이 강하다 보니 자녀가 독립하면 '빈 둥지 증후군'을 앓는다고 합니다. 겉으로는 이제 모든 게 홀가분해졌다고 하면서도 마음 깊은 곳에서 뻥 뚫린 구멍을 발견하게 되는 것은 책임과 함께 삶의 의미도 사라졌기 때문입니다. 덩달아 삶의 동력도 떨어집니다. 어떻게 이 공간을 메울 수 있을까요?

작은 것에서라도 나의 역할을 가져봅시다. 얼마 전부터 물고기

구피를 들여와서 키우고 있습니다. 틈틈이 물도 갈아주고 수초도 넣어주었습니다. 그렇게 신경을 썼는데도 어느 날 한 마리가 죽었습니다. 아무리 작은 물고기라도 키우던 생명이 죽은 것을 치우는 일은 쉽지 않더군요. 그날 이후 아내와 저는 물고기가 잘 놀고 있는지, 바닥에 붙어 있으면 무슨 일이 있는 것은 아닌지 꼼꼼히 살피게 됐습니다. 저에게 맡겨진 생명이니 책임을 져야 한다는 생각 때문이었지요. 물고기들이 잘 지내는 걸 볼 때마다 마음이 뿌듯합니다.

가족과 직장에 집중되었던 책임과 역할을 사회로 돌리는 것도 방법입니다. 사회에 나가 보면 누구의 역할 속에도 포함되지 않는 분야들을 봅니다. 경제학에서 말하는 공공재적 성격 때문에 재화가 충분히 공급되지 않거나 소외된 분야입니다. 우리나라 고령자는 노후 시간에 압도적으로 TV를 많이 보는 반면 사회참여 비율은 극히 낮습니다. 가족에게 가졌던 책임감의 영역을 TV가 차지하는 셈입니다. 이제 그 역할을 사회적 책임으로 채워보는 건 어떨까요.

필생의 과업에 도전해봅시다. 일본 에도 시대인 1745년에 태어난 이노 다다타카는 기념비적인 지도를 제작해 존경받는 인물입니다. 장사로 돈을 많이 모았지만 50세 때 돌연 사업을 아들에게 물려주고 천문학을 배웁니다. 지구의 정확한 크기를 알려면 거리 측정을 잘해야 했고 그러다 보니 생각지도 않게 지도 제작을 하게 됩니다. 이노는 17년 동안 일본 열도를 걸어서 실측하고 71세에 돌아와 73세에 사망합니다. 지구 둘레의 85퍼센트에 해당하는 길이와 맞먹는 일본 해안선을 직접 걸었고, 이를 통해 1/36000 축척 대지도 214장에 이르는 엄청난 지도 제작을 했습니다. 우리도 이노처럼 인생 후반에는 이런저런 역할과 책임에서 벗어나 하나의 목표에 몰입해보면 어떨까요?

삶의 동력은 삶의 의미에 있으며, 삶의 의미는 책임감이며 역할입니다. 젊었을 때는 책임과 역할이 주어지지만 인생 후반기에는 주체적으로 찾아 나서야 합니다. 책임과 역할의 재설정을 통해 삶의 동력을 찾으면 좋겠습니다.

아침에 도를 들으면
저녁에 죽어도 좋다

우리가 주목하는 것은 보이는 것이 아니요 보이지 않는 것이니,
이는 보이는 것은 잠깐이요 보이지 않는 것은 영원함이라.

— 신약성경

연배가 비슷한 지인이 최근에 바이올린을 배우기 시작했습니다. 많은 사람들이 나이 들어 악기 하나쯤 연주하고 싶다고 막연하게 생각하지만, 지인의 경우는 이유가 명확했습니다. "바이올린은 달아나거나 죽지 않을 테니까." 말 된다 싶었습니다. 마지막까지 나를 떠나지 않을 게 무엇인지 생각해보았습니다.

처음에는 아내가 떠오르더군요. 그러나 아내나 저나 언젠가는 이별하게 됩니다. 이를 통계적으로 확인할 수 있습니다. 우리나라 남성은 평균적으로 배우자보다 6년 일찍 세상을 떠납니다. 제 할

머니와 어머니는 혼자 10년 이상 사셨습니다. 통계가 그렇다고 해서 여성이 꼭 오래 사는 것은 아닙니다. 100세 철학자로 유명한 김형석 교수님은 1920년생인데도 여전히 정신과 몸이 건강하십니다. 장수라는 복을 타고 났지만 84세 때 상배(喪配)하신 외로움을 《백년을 살아보니》에서 절절이 토로했습니다. 70대 초반에 배우자를 먼저 보낸 제자를 80이 넘어 만나보니 마치 '한 발로 서 있는 쓸쓸함이 배어 있었다'고 말합니다.

돈, 친구, 건강도 영원하지 않습니다. 크게 아프거나 사기를 당하거나 혹은 사업 실패로 일순간 돈이 사라져버릴 수 있습니다. 극단적으로 베네수엘라처럼 한 나라의 통화가치 하락과 물가 상승으로 현금의 가치가 없어져버리기도 합니다.

오랜 친구를 만나면 마약중독자가 마약을 보았을 때처럼 뇌가 기쁜 반응을 보인다고 하는데, 이런 친구도 칠십을 넘기면 하나둘 곁을 떠납니다. 건강도 마찬가집니다. 남성들은 60대 이상 되면 암 발병률이 전에 비해 5배 이상 높아집니다. 굳이 60대까지 갈 필요 없이 마흔만 넘어도 성인병 걱정을 해야 합니다.

몸과 머리로 익힌 무형의 자산은 어떨까요? 바이올린은 몸이 움직일 수 있는 한 연주할 수 있고, 그림 역시 붓을 잡을 수 있는 한 그릴 수 있습니다. 미국의 국민 화가라는 애칭으로 사랑받은 모제스 할머니는 67세에 그림을 그리기 시작해서 100세까지 그림을 그렸습니다. 하지만 무형의 자산도 결국 날 떠납니다. 외과 의사는 손이 떨리면 더 이상 수술을 할 수 없고 피아니스트는 손가락 힘이 약해지면 연주 가능한 곡이 줄어듭니다. 무형의 자산은 다른 것과 비교하면 제법 오랫동안 내 곁을 지킵니다만 결국은 세월을 이기지 못합니다. 젊었을 때 펼쳤던 많은 것을 나이 들면 거두어가는 듯합니다. 정말 나를 떠나지 않을 것은 없는 걸까요?

지인에게 종교는 영원히 곁에 있지 않을까 물었습니다. 그가 답하기를, 신이 그 자리에 영원히 있다고 해도 자신이 거기에 계속 머물러 있을지 자신이 서지 않는다고 했습니다. 그래서인지 인도 사람들은 자신이 신에게 머물러 있으려고 노력합니다. 힌두교도의 연령대별 인생 목표에서 이를 엿볼 수 있습니다.

힌두교도들은 아쉬라마(Ashrama)라는 인생의 4가지 단계를 실천합니다. 이는 사람의 수명을 100년으로 보고 25년씩 4가지 단계로 나눈 것입니다. 첫째는 0~25세에 이르는 학생기. 완성된 인생을 이루기 위한 준비 기간으로 삶에 필요한 지식과 기술을 습득합니다. 두 번째는 26~50세에 이르는 가장으로서의 시기로 가족, 일터, 사회에서 역할하는 기간입니다. 세 번째는 51~75세에 이르는 은퇴의 시기입니다. 세속적 문제는 다음 세대에게 넘기고 그들의 조언자 역할을 하면서 철학을 탐구하고 이를 생활화합니다. 이때 힌두교의 경전인 베가 경전을 열심히 공부합니다. 마지막 76~100세에 이르는 사냐사(Sannyasa)의 시기로 세속적 욕망을 차단하고 수행에 전념하다 죽음을 맞이합니다.

힌두교도들의 삶의 단계가 이렇게 구성된 것은 다음 생은 지금 생에 쌓은 것들에 의해 결정된다고 믿기 때문입니다. 보이지 않는 삶의 원리에 대한 믿음이라고 할 수 있죠. 그런데 종교적 신념이 없는 사람들이 이런 가치를 믿고 따르기란 쉽지 않습니다. 그런 면에서 지식의 세계를 들여다보겠습니다.

위대한 수학자들 중에는 가끔 증명되지 않은 가설을 내놓고 무책임하게(?) 세상을 떠나버리는 경우가 있습니다. 이들이 남긴 가설을 풀기 위해 후대 수학자들이 매달리는데, 어떤 경우에는 수백 년이 걸리기도 합니다. 피에르 페르마는 약 380년 전 책을 읽다가 옆에 식을 하나 적어놓고 "증명 방법을 알지만 여백이 좁아 쓸 수 없다"라는 메모를 남겼습니다. 이게 그 유명한 '페르마의 문제(Fermat's problem)'입니다. 무려 360년 만인 1997년 영국 수학자 앤드루 와일즈가 이 문제를 풀어냅니다. 수학 천재로 불리던 앤드루는 어렸을 때부터 이 문제를 화두처럼 붙잡고 있었다고 합니다.

앙리 푸앵카레는 1904년에 "어떤 하나의 밀폐된 3차원 공간에서 모든 폐곡선이 수축돼 하나의 점이 될 수 있다면 이 공간은 반드시 원구(圓球)로 변형될 수 있다"는 설명을 아무리 들어도 이해가 되지 않는 가설을 내놓았습니다. 이 문제는 약 100년 만에 러시아 수학자 그리고리 페렐만이 풀어냅니다. 이들은 대체 뭘 믿고 틀렸을지도 모를 추측을 증명하는데 인생을 바쳤을까요? 위대한 선배 수학자들을 믿었기 때문입니다. 답은 보이지 않지만 적어도 그들이 허튼 얘기를 하지 않았을 것이라는 믿음이지요.

정신적 영역에는 예수, 석가, 공자 같은 위대한 선각자들이 있습니다. 우리는 이들이 말한 원리와 가치를 쉽사리 따르지 못합니다. 영원한 하늘나라는 눈에 보이지 않고 해탈 역시 경험해본 적도 볼 수도 없기 때문입니다. 하지만 수학자들이 페르마와 푸앵카레를 믿었듯이 우리도 정신적 선각자들을 믿고 이들이 말한 가치를 공부하고 익히면 어떨까요? 치열한 논쟁과 투쟁에서 2000년 넘게 그 가치가 살아 있다는 것만으로 한번쯤 귀담아 들을 만하지 않을까요?

어느 종교나 죽기 바로 직전까지 배움을 멈추지 말라고 합니다. 선가(禪家)에서는 몽둥이에 두들겨 맞아 죽어도 그 순간 깨치면 행복하다고 말합니다. '아침에 도를 들으면 저녁에 죽어도 좋다(朝聞道 夕死可矣)'라는 말이 있을 정도입니다.

'나이 들어서도 나를 떠나지 않을 것'들의 목록에 보이지 않는 세계의 가치를 죽기 직전까지 추구하는 것을 넣어두면 어떨까요. 이러한 모습이 나중에 자녀들에게 물려줄 중요한 유산이 될지도 모를 일입니다.

나이 듦이 유쾌해지는
7가지 지혜

삶의 즐거움이란 캐면 덩어리째 나오는 황금 같은 것이 아니라
오히려 한 알 한 알 모아야 하는 것에 가깝다.

— B. F. 스키너

노년은 겨울이 아니며 오히려 지혜롭고 창의적이며 또한 정신적으로 행복하다는 강변(强辯)이 많습니다. 그런데 이런 말을 들을수록 노년에 대한 긍정적 관점은 열등감의 다른 표현이 아닐까 하는 의심이 드는 게 사실입니다. 그러던 차에 정신과 전문의인 이근후 교수와 인터뷰할 기회가 있었습니다.

미래에셋은퇴연구소 팟캐스트 녹화 때문에 세검정의 교수님 자택 근처에서 두 시간 동안 꼬박 이야기를 나누었습니다. 80대 중반의 나이인데도 두 시간 동안 집중력이 흩어지지 않는 걸 보고 놀랐

습니다.《백 살까지 유쾌하게 나이 드는 법》이란 책을 내신 분이기에 인생이 그렇게 유쾌한가 도전적으로 캐물을 작정이었습니다.

의외로 교수님은 현실적이었습니다. 노년이라는 이상의 세계에 있지 않고 달갑지 않은 현실을 인정했습니다. 그럼에도 불구하고 유쾌하게 지내야 한다고 말했습니다. 인터뷰를 통해 추출한 노학자(老學者)의 노후를 유쾌하게 보내는 지혜를 정리해보았습니다.

'그럼에도 불구하고, 야금야금'. 노년은 마냥 즐겁고 행복한 기간이 아닙니다. 몸이 아프고, 마음은 외롭고, 정신은 죽음이라는 불안에 직면합니다. '그럼에도 불구하고' 우리는 유쾌하게 보내도록 노력해야 합니다.

정신분석학자 아들러는 인간은 열등감을 극복하고 우월감을 찾으려 하고 그 우월감을 유지하기 위해 끊임없이 노력한다고 했습니다. 남에게 인정받으려는 마음의 움직임이 우리를 행동하게 만드는 추진력이 되며 이를 통해 보다 우월한 단계로 나아갈 수 있다고 본 것이죠. 마찬가지로 인생 후반에도 열등감을 극복하고 우월감을 찾고 또 이를 유지하기 위해 노력해야 합니다. 그 방법은 '야금야금'입니다. 사람들은 당장 뭔가를 이뤄내려고만 하는데 인생에서 그렇게 이루어지는 건 별로 없습니다. 조금씩 조금씩 가랑비에 옷 젖듯 가야 합니다.

건강과 돈. 건강과 돈은 노년을 유쾌하게 보내기 위한 필요조건입니다. 이 2가지가 많다고 행복이 그만큼 커지지는 않지만 이 둘을 잃으면 불행해집니다. 돈은 부족하지 않을 정도면 충분합니다. 몸의 건강은 다들 주의를 기울입니다만 정신 건강은 소홀히 하는 경향이 있습니다. 정신 건강은 '과거에 집착하지 않고 미래를 걱정하지 않는다'. 이 둘만 지키면 됩니다. '그때는 이랬는데 지금의 나는 왜'라는 생각을 버려야 하고 '죽음이 닥치면 난 어떻게 해야 하나'라는 생각들을 하지 말아야 합니다.

그래도 가끔씩 힘든 일이 일어나는데 이를 잘 버텨야 합니다. 어려운 시기가 지나가면 다시 훈풍이 불어오는 게 인생입니다. 우리에게는 '빠떼루'라는 발음으로 친숙한 파테르는 레슬링에서 소극적인 경기를 한 선수에게 내리는 벌칙입니다. 살다 보면 이유 없이 이런 '빠떼루'를 받는 때가 있습니다. 어쩌겠습니까? 버텨야 합니다. 이유를 묻지 말고 그냥 **버티는 힘을 길러야 합니다.** 아프면 아픈 대로 버텨낼 수밖에 없습니다.

사회의 변화를 이해하고 유연하게 적응해야 합니다. 나이 들수록 살아온 그대로의 내 관점으로 세상을 보려 합니다. 그런데 사회는 상전벽해처럼 변해갑니다. 과거에는 결혼을 하지 않으면 이상하게 보았습니다. 이제는 비혼(非婚)을 택하는 사람이 많아졌습니다. 이를 이해하지 못하는 사람은 명절에 '결혼했냐, 왜 안 하느냐, 애를 왜 안 갖느냐'라는 질문을 하며 꼰대 반열에 오르게 됩니다. 예의 없고 무례하다는 평가는 덤입니다. 그렇다고 사회의 변화에 무조건 순응하라는 얘기는 아닙니다. 이해하고 적응하라는 뜻입니다.

페르소나(가면)를 여러 개 가져야 합니다. 사람들은 가면이 여럿 있으면 기회주의자라고 비난합니다만 오히려 하나의 페르소나만 갖고 사는 인생이 문제입니다. 직장에서 쓰고 있던 엄격한 부장의 페르소나를 집에 가서도 쓰고 있으면 집안 분위기가 어떻게 될까요? 겨울 옷 하나로 사계절을 살아가는 사람은 없습니다. 인생에도 변화가 있으니, 우리도 페르소나를 여러 개 갖고 있어야 합니다. 퇴직 전의 가면이 진짜 얼굴처럼 붙어서 떨어지지 않아 곤란을 겪는 사람들을 많이 봅니다. 여러 가면을 잘 바꿔 쓰는 게 노후의 정신 건강에 좋습니다.

배우자는 아파 누워 있어도 있는 게 좋습니다. 사람의 정신적 문제는 모두 관계에서 비롯된다고 말할 수 있을 정도로 관계는 매우 중요합니다. 그중에서도 배우자와의 좋은 관계는 특히 중요합니다. 혹 부부가 서로 이해 불가능한 상황까지 가게 되었다면 졸혼(卒婚)도 한 방법입니다. 이혼과 달리 부부 관계의 가능성을 열어두기 때문입니다.

공부나 취미 생활을 하려면 무조건 좋아하는 것을 택하십시오. 이근후 교수는 의과대학 교수직을 퇴직하고 디지털대학교에 입학해 문화예술학을 전공했습니다. 정신의학은 문화예술과 관련이 깊은 데다 네팔에서 봉사를 하려면 네팔의 문화를 이해하는 게 필요했기 때문입니다. 이때의 공부가 꿀맛같이 달콤했다고 합니다. 그러다 보니 1등으로 졸업을 했습니다. 노후에 시작하는 취미나 공부는 책임감이나 의무감 없이 그냥 내가 좋아하는 걸로 선택하기 바랍니다.

100세 철학자 김형석 교수는 75세 때 구순에 가까운 지인께서 몇 살이냐고 묻고 나서 답을 듣더니 가만히 창을 보면서 "참 좋은 때다"라고 말했답니다. 그래서 이근후 교수에게 80대 중반의 나이에 70대 중반인 사람을 보면 이런 생각이 드는지 물어보았습니다. 이 질문에 대한 답은 "인생은 모든 때가 좋다"였습니다.

10대는 10대의 즐거움, 50대는 50대의 즐거움, 70대는 70대의 즐거움이 있습니다. 현재의 나이는 과거를 보면 가장 많은 연령이고 미래를 보면 가장 어린 연령입니다. 어느 연령대든지 그 나이의 즐거움을 만끽하며 유쾌하게 사시기 바랍니다. '그럼에도 불구하고, 야금야금' 그렇게 말입니다.

지금 필요한 것,
버텨내는 힘

오래가는 놈이 강한 거더라.

— 영화 〈짝패〉에서

'빠떼루를 줘야 합니다!' 1996년 애틀랜타올림픽 레슬링 경기에서 해설자 김영준 씨가 한 말입니다. 이 한마디로 비인기 종목이었던 레슬링 인기가 올라갔고 김영준 씨는 '빠떼루 아저씨'로 불리며 유명세를 탔습니다. 일상생활에서 뭘 잘못하면 다들 "빠떼루를 줘야 해"라고 말할 정도였습니다.

빠떼루는 파테르(paterrer)라는 레슬링 용어의 일본식 발음으로, 수동적으로 경기에 임하는 선수에게 주는 벌칙입니다. 매트 중앙에 엎드린 자세로 있게 하고 무방비 상태인 뒤를 상대방이 공격합니다. 공격과 동시에 벌칙을 받는 사람은 납작 엎드려서 뒤집히지 않으려 버둥거립니다. 붙잡을 곳 하나 없는 바닥에서 사지를 벌리고 땅과의 공간을 최대한 좁히면서 사력을 다해 버팁니다. 일단 무조건 버텨내는 겁니다. 별다른 전략은 없습니다.

살면서 우리는 때때로 빠떼루를 받습니다. 이유가 있을 때도 있지만 이유도 모르고 받는 빠떼루도 많습니다. 독수리 발톱에 찍혀서 꼼짝 못 하는 토끼처럼 우리는 빠떼루 자세를 취한 채 뒤에서 치고 들어오는 공격을 견뎌야 합니다. 이를 불교에서는 '업'이라고 하고 기독교에서는 '신의 섭리'라고 합니다. 성경을 보면 신의 빠떼루를 가혹하게 받은 인물이 등장합니다. 바로 욥입니다.

우스라는 땅에 욥이라는 사람이 살았는데 신을 경외하고 악을 멀리하는 선하고 정직한 사람이었습니다. 어느 날 사탄이 하나님께 욥은 축복을 받았으니 당신을 섬기는 것이지 그 축복을 거둬들이면 저주할 것이라 말합니다. 하나님은 욥의 생명만은 건들지 말되 그 외에는 무엇이든 해도 좋다고 사탄에게 말합니다. 사탄은 욥의 모든 것을 빼앗습니다. 가축과 종들을 잃어버리고 자식도 모두 죽습니다. 자신은 온몸에 악성 종기가 나서 잿더미에 앉아 옹기 조각으로 몸을 벅벅 긁어댑니다. 아내조차 당신을 이렇게 만든 하나님을 저주하라고 말합니다. 그러나 욥은 이 모든 고난을 견뎌냅니다.

욥 이야기의 결말은 이렇습니다. 욥은 자신의 고난에 대해 친구들과 치열한 토론을 합니다. 친구들은 욥이 죄를 지었거나 잘못한 게 있어서 벌을 받는 것이니 회개하라고 말합니다. 욥은 자신은 잘못한 게 없다고 항변합니다. 신을 충실히 섬겼을 뿐 아니라 인간이 할 수 있는 한 가장 정직하고 착하게 살아왔으니까요. 결국 욥은 폭풍 속에서 하나님과 직접 대화를 나누게 됩니다. 하나님은 쏟아붓듯 질문을 던지지만 욥이 답할 수 있는 것은 하나도 없었습니다. 그리고 욥은 신의 섭리를 깨닫고 평안을 얻게 됩니다.

인생에서 빠떼루를 받지 않는 사람은 없습니다. 거친 공격에 견디다 못해 뒤집혀버리기도 합니다. 제 삶을 되돌아봐도 빠떼루를 여러 차례 받은 것 같습니다. 그 이유에 대해 생각해봅니다. 인과율이든지 신의 섭리든지 무언가 있을 겁니다. 문제는 원인을 모르기에 앞으로 이런 일이 일어나더라도 피할 방법이 없다는 겁니다. 빠떼루는 인간의 실존입니다.

인생의 전환점에는 직장, 친구부터 건강, 돈까지 의도치 않게 많은 것들이 나를 떠납니다. 변화가 많은 때입니다. 고독사 사례 중 50대가 30퍼센트를 넘는다고 합니다. 버티는 힘을 기르는 수밖에 없습니다. 체력도 있어야 하고 정신력도 있어야 하며 인생의 사건에 대해 무뎌져야 합니다. 버틸려면 참는 힘도 필요하지만 스스로 좀 무뎌질 필요가 있습니다.

일본의 정형외과 의사인 와타나베 준이치는 성공한 사람은 재능은 물론이고 둔감함을 갖추고 있다고 주장했습니다. 그가 삿포

로대학병원에서 일할 때 모시던 교수는 수술 중 의료진에게 잔소리가 심했다고 합니다. 그중 제1조수에 해당하는 선배는 잔소리의 직격탄에 무방비 상태였는데 혼날 때마다 그냥 "네~네" 이렇게 반복했습니다. 이러다 보니 "구시렁구시렁", "네~네" 하는 문답이 판소리 장단 맞추듯 쿵짝쿵짝하는 느낌이 들었습니다. 이 시기를 견뎌낸 그 선배는 의국에서 가장 뛰어난 의사가 되었습니다.

좋은 의미의 둔감함은 의학적으로 마음을 안정시키고, 혈액 순환을 원활하게 유지시킵니다. 인체의 혈관은 자율신경이 조절하는데, 이는 다시 교감신경과 부교감신경으로 나누어집니다. 교감신경은 사람이 긴장, 흥분, 불안 상태에 빠지면 혈관을 수축시키고, 부교감신경은 혈관을 확장시켜 혈액 순환이 잘되게 하고 혈압을 낮춥니다. 부교감신경은 차분할 때, 즐거울 때, 편안할 때, 따뜻할 때 활발해집니다. 일에 몰두하다 보면 머리가 지끈거릴 때가 있습니다. 그런 때는 심호흡을 하거나 편안히 쉬면서 잠깐 눈을 붙이면 온몸이 따뜻해지고 발이 후끈해지는 걸 느낄 수 있습니다. 말초신경까지 혈액이 원활히 공급되기 때문입니다.

여성의 몸은 남성의 몸보다 좋은 의미로 둔감합니다. 여성의 몸은 연약해 보여도 실제 면역력은 더 강합니다. 출산과 육아를 담당하기 때문일 겁니다. 남성보다 더 많은 출혈을 견디고 피하지방층이 두꺼워 추위에도 강합니다. 여성들은 작은 벌레를 봐도 꺅 하고 소리를 지르지만 정작 큰 충격은 여성이 더 잘 견딘다고 합니다.

그래서 치통, 통풍, 결석보다 심하다는 산통을 견디는 것이겠지요.

잘 버티려면 버티는 힘을 길러야 하고 모든 일에 좋은 의미로 둔감해지는 습관을 들여야 합니다. 둔감함은 긍정적인 사고방식에서 비롯되고 긍정정인 사고방식은 낙천적인 인생관에 바탕을 둡니다. 부모를 비롯해 주위에 온천같이 포근하고 너그러운 존재가 있으면 낙천적인 사람이 되기 쉽습니다. 나를 덮치는 빠떼루, 둔감하게 버티는 수밖에 없습니다.

나만의 온천

폭우를 예상하는 것은 중요하지 않다.
노아의 방주를 만드는 게 중요하다.

— 워런 버핏

어슴푸레하게 동이 터 올 무렵 눈발이 휘날리는 홋카이도 다이세츠[大雪]산의 야외 온천에 앉아 있었습니다. 이 기회에 혼자 조용히 생각이나 할까 했는데 옆에서 서너 명의 한국 사람이 사업에 관해 이런저런 얘기들을 하는 통에 마음이 산란해졌습니다. 주로 부동산 사업이 주제로, 거래처 중 한 곳이 곤경에 처했다는 얘기를 하고 있었습니다. 그때 직급이 가장 높은 듯한 사람이 한 말이 둔기로 머리를 내리치는 것 같았습니다.

"인생을 살다 보면 칼바람이 휘몰아칠 수 있어. 그럴 때 이런 온천이 있으면 얼어 죽지 않고 살아남을 수 있지."

인생에 휘몰아치는 칼바람은 예상할 수도 없고 피하기도 힘듭니다. 다들 나만은 예외일 것이라고 생각하지만 세상은 그렇게 호락호락하지 않습니다. 통계를 보면 우리나라 사람들이 실질적으로 직장에서 퇴직하는 연령은 평균 50대 중반이지만 나만은 그 칼바람을 피해갈 수 있을 거라고 믿습니다. 은퇴는 고양이처럼 살그머니 다가와 순식간에 덮칩니다. 이런 세상에서는 나만의 온천이 필요합니다. 이때의 온천은 나를 좌절과 상처에서 회복시켜주며 회복 탄력성을 키워주는 안식처가 되어줍니다.

에미 워너 교수는 1955년 하와이 카우아이 섬에서 태어난 신생아 중 불우한 환경에서 자란 201명을 추려 성장 과정을 추적 조사했습니다. 예상대로 불우한 환경에서 자란 사람은 성장 과정도 순탄치 못했습니다. 이 결과는 다들 짐작할 만한 것으로 그리 새롭지 않습니다.

그런데 워너 교수는 불우한 환경에도 밝은 성격으로 자라난 아이들에게 주목했습니다. 이들을 집중적으로 살펴보니 의미 있는 사실이 발견되었습니다. 이들에게는 무조건적인 사랑을 주는 존재가 주변에 항상 있었습니다. 그들은 부모 중 한 명이거나 이웃집 아저씨, 선생님, 할머니 등이었습니다. 꼭 부모일 필요는 없습니다. 어렸을 적 무조건적인 사랑을 주는 할머니 같은 사랑의 온천이 있었던 것입니다.

제게는 1933년에 찍은 오래된 흑백 사진이 한 장 있습니다. 아이가 세발자전거를 탄 채 정면을 응시하고 있는데, 이상하게도 당시로선 귀했을 자전거를 선물 받은 아이의 표정이 어둡기만 합니다. 사진의 주인공은 네 살 때의 아버지입니다. 이 사진에는 슬픈 사연이 담겨 있습니다.

아버지의 아버지, 즉 할아버지는 아들 딸 각 넷씩 팔남매를 두셨는데 당신의 동생이 자식이 없어서 막내인 아버지를 양자로 보내기로 하십니다. 그런데 아버지가 할아버지 두루마기만 잡고 따라다니며 떨어질 생각을 하지 않자 급기야 두루마기를 걸어놓은 채 도망치셨다고 합니다. 나중에 할아버지가 없어진 사실을 깨달은 아버지가 울음을 그치지 않자 양부모님께서 자전거를 사주셨고 그때 찍은 사진이 바로 문제의 사진입니다. 당시의 상실감이 얼마나 컸던지 아버지의 이 표정은 성인이 되어서도 얼굴에 흔적으로 남았습니다.

주변을 둘러보면 미래는 불확실하지만 그래도 잘 풀릴 것이라는 막연한 믿음을 갖는 사람들이 의외로 많습니다. 그러나 현실은 그렇지 않습니다. KBS 파노라마 팀이 1년간 조사한 바에 따르면, 2013년에 명백한 고독사와 고독사로 의심되는 경우까지 포함할 경우 고독사로 분류할 수 있는 죽음은 1만 1000여 건에 달합니다. 이 중 남성이 73퍼센트를 차지합니다. 안타까운 사실은 70~80대 노인들만 아니라 한창 나이인 50대가 이 중 30퍼센트를 점한다는 겁니다. 이 땅의 많은 남성들이 은퇴 전후로 칼바람을 맞고 있는 것입니다.

우리나라 65세 이상 노인 자살률은 OECD 36개국 중 압도적인 1위를 차지하고 있습니다. 2015년 현재 10만 명당 59명으로 OECD 회원국 평균의 3~4배에 이릅니다. 참고로 핀란드는 25명, 일본은 23명, 미국은 14명, 영국은 7명입니다. 노인 자살률을 연령대로 나누어보면 60대는 34명, 70대는 65명, 80대 이상은 84명으로 70대에 접어들면서 가파르게 증가합니다. 성별로는 남성의 자살률이 여성보다 3.5배나 높은 점이 눈에 띕니다. 한국에서 노인 자살은 남성의 문제라 해도 과언이 아닙니다. 한국보건사회연구원의 〈노인실태조사〉에 따르면 자살을 생각해본 사람의 55퍼센트는 경제적 어려움과 건강 문제가 원인이었고, 외로움과 갈등, 배우자의 사망이 40퍼센트를 차지했습니다. 배우자가 있는 사람이 자살을 생각해본 경우는 5퍼센트로 낮은 반면, 미혼의 경우 그 비율이 30퍼센트나 됩니다.

칼바람이 불 때는 온천이 하나 있으면 좋습니다. 특히 나이가 들어갈수록 나만의 온천을 하나쯤 가져야 합니다. 어렸을 때는 부모님이라는 온천이 있고 형제자매가 있고 친한 친구들도 있었습니다만 나이가 들면 떠나갑니다. 온천이 하나둘 사라집니다. 새로운 온천을 개발해야 합니다.

반려동물도 좋은 온천이 될 수 있습니다. 저는 성인이 되기까지 개와 고양이 같은 반려동물들과 함께 지내며 심리적으로 많은 도움을 받았습니다. 요즘처럼 가족이 해체되고 이웃 공동체도 개인화되는 상황에서 반려동물이 가족의 일원으로 받아들여지는 현상은 긍정적인 시대의 변화입니다. 취미도 좋은 대안입니다. 수석 수집이 취미인 사람은 심지어 돌과 이야기합니다. 취미는 몰입의 평안함을 가져다주지요.

축소되는 관계를 확장하고 기존에 있던 약한 관계를 강하게 만드는 것도 좋은 온천이 됩니다. 사회봉사나 새로운 일을 통해 관계를 확장하고 가족 관계의 질을 높여봅시다.

성찰과 종교도 나만의 온천이 될 수 있습니다. 우리는 예로부터 우리 내면에 신의 형상, 불성, 사단(四端) 등 이름은 달라도 공통된 근원이 있다고 믿어왔습니다. 이들은 인간의 정체성이자 행복의 수맥(水脈)입니다. 나이 들수록 죽음이라는 실존적 위기가 다가오기 때문에 사람은 본능적으로 근원적 안도감을 갖고 싶어 합니다. 50대에 들어서 갑자기 두꺼운 책을 읽고, 5000년 전의 고대 근동 문학 작품을 읽고, 《바가바드 기타》 같은 책을 사기도 합니다. 우리의 근원적 수맥을 찾아 여기에 뿌리를 내리려는 노력입니다.

이들 중 무엇이든지 나이 듦에 따라 자신만의 온천을 개발하고 관리해야 합니다. 우선 나의 온천은 무엇인지 자문해봅시다. 떠오르셨나요? 바로 떠오르는 게 없다면 늦기 전에 온천을 찾아야 합니다.

나이 듦의 혁명

만약 내가 내 자신을 먼저 변화시켰더라면,
그것을 보고 내 가족이 변화되었을 것을.
그리고 누가 아는가, 세상까지도 변화되었을지.

— 어느 주교의 묘비명

일전에 어느 인사가 "50대는 험한 댓글 달지 말고 동남아로 길을
개척하라"라고 한 말이 큰 이슈가 된 적이 있습니다. 방향은 맞을
지라도 표현 방식이 거칠다 보니 저항이 격렬했습니다. 이 사건
은 50대가 사회에서 차지하는 비중이 그만큼 크다는 걸 보여주었
습니다. 이는 50대를 중심으로 하는 베이비부머들이 고령화 문제
와 함께 사회의 관심사로 떠오르기 시작했다는 신호로 볼 수 있습
니다.

우리나라 베이비부머는 출생자 수를 기준으로 볼 때 1958~

1974년생입니다. 베이비부머의 첫 주자는 한 해에 80만 명 이상 태어난 '58년 개띠'입니다. 1958년생부터 1974년생 사이에 1600만 명이 몰려 있는데, 이는 총인구의 약 30퍼센트를 차지하는 규모입니다. 2018년 기준으로 15년 지나면 이들은 61~77세가 되고 30년이 지나면 76~92세가 됩니다. 총인구의 3분의 1에 해당하는 숫자가 향후 15년 동안 전기 고령세대(65~74세)가 되고 30년 후에는 후기 고령세대(75세 이상)가 되는 셈입니다. 노년층이 된 베이비부머가 양적인 측면에서 사회를 압도하게 되는 것이지요.

베이비부머 세대는 질적 깊이도 갖추고 있습니다. 이들은 현재의 노년층과는 다른 세대 특성을 갖고 있습니다. 현재 65세 이상 노인 가구주의 학력을 보면 절반 정도가 초졸 이하이며 중졸과 고졸이 40퍼센트 정도를 차지하고 대졸은 8퍼센트에 불과합니다. 반면에 현재 50대는 약 30퍼센트가 대졸이며 40대는 50퍼센트가 대졸입니다. 고졸 이상은 50대의 경우 86퍼센트, 40대의 경우 96퍼센트에 이릅니다. 현재 노년층은 전전(戰前)세대이고 베이비부머는 전후(戰後)세대이다 보니, 전자는 재산이 파괴된 반면에 후자는 전후 복구를 통해 경제가 고성장하는 시기에 자산을 축적했습니다.

그뿐 아닙니다. 전후 세대는 사회보장제도가 마련되는 시기에 성장하다 보니 노후 준비가 비교적 잘되어 있습니다. 1988년 국민연금제도가 도입되면서 58년 개띠는 취직하자마자 바로 국민연금에 가입했습니다. 완전한 국민연금을 받게 되는 첫 세대인 거죠. 주택 보유비율도 높아서 노후에 임대료로 지출될 부분이 적고 여차하면 주택연금을 통해 주택 자산으로 소득을 만들 수 있습니다.

이처럼 양적 넓이와 질적 깊이를 겸비한 베이비부머는 새로운 노년 문화를 이끌 체력을 축적하고 있습니다. 베이비부머가 만들 새로운 노년 문화는 우리나라가 고령 사회의 난관을 극복하고 지속 가능한 성장을 이루는 데 중요한 역할을 할 것입니다. 젊은 시절에 경제 성장의 일익을 담당했던 이들은 이제 고령 사회를 발전적 방향으로 이끄는 역할을 맡아야 합니다. 이를 위해 새로운 노년 문화를 만들어가야 합니다.

이들이 만들어야 할 신노년 문화는 대략 다음의 5가지로 압축해 볼 수 있습니다.

평생교육. 기대수명이 길어지면서 '나'라는 인적자산의 가치를 높게 유지하는 것이 중요해졌습니다. 인적자산의 가치는 건강과 교육에 대한 투자를 통해 높일 수 있습니다. 평생교육은 자기 계발을 통해 더 오래 일을 할 수 있게 할 뿐 아니라 인지적, 사회적 기능을 잘 유지해 사회와 지속적인 소통을 할 수 있게 해줍니다.

100세 시대는 누구도 가보지 않은 영역이라 배워야 합니다. 산업의 변화가 빠르게 이뤄지므로 전문 지식을 가진 분야라도 계속 업그레이드해야 합니다. 특히 40대는 지금의 직장에서 하는 일에 안주하지 말고 전문 지식을 더 깊게 하거나 새로운 지식을 습득해야 합니다. 40대는 인적자산에 투자하기에 가장 적합한 시기입니다.

자신만을 돌보던 삶에서 사회로 눈을 돌려야 합니다. 베르나르 올리비에라는 프랑스 저널리스트는 아내를 잃고 실의에 빠졌다가 걷기를 시작해 이스탄불에서 시안까지 실크로드를 걷습니다. 이때의 깨달음을 통해 올리비에는 비행 청소년과 함께 길을 걷는 단체를 설립했습니다. 빌 게이츠는 재단을 설립하고 본인이 모은 재산을 이곳에 기부해 전 세계의 빈곤을 퇴치하는 데 쓰고 있습니다. 꼭 거창한 활동을 할 필요는 없습니다. 우리나라의 노후 활동 중 가장 부족한 부분이 사회봉사 활동입니다. 친목 활동은 아무래도 개인 중심으로 이뤄지기 쉽습니다. 나이 듦에 따라 그 중심을 소외된 곳으로 옮겨 가는 게 필요합니다.

예절. 어렸을 때는 학교에서 예절을 배우고 젊었을 때는 잘못된 예절을 주변의 연장자가 지적해줍니다. 하지만 나이가 들면 그 누구도 잘못된 행동을 지적해주지 않다 보니 자신도 모르게 외딴길로 빠져버립니다. 그뿐 아닙니다. 신체 노화로 인해 잘 들리지 않거나 보이지 않게 되어 의도치 않게 결례를 범하기도 합니다. 게다가 감정이 민감해져 쉽게 화를 냅니다. 이러다 보면 사람간의 소통이 원활하지 않게 됩니다. 이럴수록 예절이 중요한 역할을 합니다. 예절은 관계의 윤활유라고 할 수 있습니다. 새로운 세대와 소통하는 방법은 아이돌이나 걸그룹의 노래를 따라 부르고 이들의 이름이나 행적을 아는 게 아닙니다. 예절을 지키고 겸손한 마음가짐을 가지면 세대를 넘어 소통할 수 있습니다. 연장자와 어린 사람 사이에 질서가 있어야 한다는 장유유서(長幼有序)라는 말보다 예가 있어야 한다는 장유유예(長幼有禮)를 기억합시다.

세대 통합적 사고. 우리 세대만 잘살면 된다는 생각을 버리고 세대 전체가 잘살 수 있는 방안을 모색해야 합니다. 앞으로 고령화가 심화되면 향후 세대간 부담은 감당하지 못할 정도로 불균등해질 가능성이 큽니다. 복지지출은 고령 세대에게 집중되는 반면 국가 부채는 비교적 인구수가 적은 젊은 세대가 감당해야 하기 때문입니다. 일반적으로 불평등은 세대 내에서 일어나지만 지금처럼 인구 구조가 급변하는 상황에서는 세대간 불평등에도 주의를 기울여야 합니다. 지속 가능한 사회가 되어야 노년 세대도 안정된 노후를 보낼 수 있습니다. 그리스처럼 경제가 불안해지면 노년 세대의 생활도 위협받게 됩니다. 현 세대가 차세대도 생각하는 사고를 가져야 합니다.

대의에 입각한 올바른 결정을 내리는 데 힘써야 합니다. 국가의 중요한 정책은 어떤 공약을 가진 사람에게 투표해 선출하느냐에 따라 결정됩니다. 우리나라는 유권자의 46퍼센트가 50세 이상입니다. 미래를 부담할 20세 미만인 900만 명은 의사결정에서 제외되어 있습니다. 20년 후면 유권자 중 50세 이상이 63퍼센트에 이르게 됩니다. 이런 인구 구조가 되면 미래 세대가 스스로 권리를 주장하기에는 한계가 있습니다. 현 세대 의사결정자들이 세대를 아우르는 관점을 가져야만 하는 이유입니다. 베이비부머는 세를 과시하기보다는 대의에 입각한 지혜로운 결정을 내려야 합니다. 축적된 지식과 지혜는 훈계보다는 현명한 결정을 내리는 데 사용되어야 합니다.

　선진국에서는 신(新)노년문화운동이라는 말이 사용되고 있습니다. 저는 운동이 아니라 신노년문화'혁명'이라 부르고 싶습니다. 우리나라 베이비부머는 양적 넓이와 질적 깊이를 모두 갖춘 미래의 신노년문화를 만들 세대이기 때문입니다. 지금의 40~50세대가 그 파괴력을 올바른 방향으로 이끌어 고령 사회 극복의 주역이 되었으면 합니다.

티토노스의 덫에
빠지지 않으려면

마누라, 자식 빼고 다 바꿔라.

— 이건희

쪼그라들어 조롱 속에 매달려 있는 쿠마에의 무녀(Sibyl)에게 아이들이 "무녀야 뭐하니"라고 묻자 무녀는 "죽고 싶어"라고 대답합니다. T. S. 엘리엇의 시 〈황무지〉의 제사(epigraph)에 나오는 내용입니다.

쿠마에의 무녀는 뛰어난 예지력으로 유명했습니다. 태양의 신이자 예언의 신이기도 한 아폴론은 쿠마에의 무녀를 몹시 사랑했기에 한 가지 소원을 들어주겠다고 합니다. 그녀는 모래를 한 줌 가져와 이 모래알의 수만큼 생일을 지내게 해달라고 하지요. 그런데 아뿔싸, 그녀는 영원한 생명을 원했지만 그만 젊음을 까먹어버렸습니다. 그녀는 세월이 흐르고 흘러도 죽지 않았지만 몸은 자꾸자꾸 쪼그라들어갑니다. 결국 몸은 항아리에 보관되고 목소리만 남게 되지요.

그리스 사람들은 영원히 늙지 않고 죽지도 않는 신 같은 존재가 되고 싶었지만 이를 차마 입밖으로 꺼낼 수 없는 불경스러운 욕망이라고 여겼습니다. 인간이 감히 영생을 원했다가는 쿠마에의 무녀처럼 대가를 톡톡히 받는다고 본 것이죠. 아니면 인간이 아무리 발버둥쳐도 벗어날 수 없는 실존을 노래한 듯도 합니다. 이런 면에서 트로이의 왕자 티토노스와 새벽의 여신 에오스의 이야기는 더 구체적이고 비극적입니다. 쿠마에의 무녀가 여성의 이야기라면 티토노스는 죽지 않는 남성의 서사입니다.

에오스는 새벽의 여신입니다. 로마 신화에서는 '오로라'라고 불립니다. 미의 여신 아프로디테는 전쟁의 신인 아레스를 사랑했는데, 아레스를 에오스가 사모하고 있다는 것을 알게 되자 질투가 폭발합니다. 아프로디테는 에오스에게 평생 인간 남성을 사랑하게 하는 저주를 내립니다. 저주에 따라 에오스는 티토노스를 납치해 사랑하게 되는데 신들의 우두머리인 제우스를 찾아가 티토노스에게 영원한 생명을 줄 것을 간청하지요. 하지만 그녀는 영원한 젊음을 달라는 소원을 잊고 맙니다. 불로장생(不老長生)이 아닌 장생만 구한 것이지요.

혐오스러운 노화가 티토노스를 덮치자 그는 팔다리 하나 제대로 움직이거나 들 힘도 없어졌습니다. 영원히 늙지 않고 젊음을 유지하며 새벽을 여는 에오스에게 어울리지 않는 모습입니다. 에오스는 그를 햇볕 드는 방에 넣지요. 거기서 티토노스는 쪼그라든 몸으로 옹알거리다가 매미로 변합니다. 영원히 살게 되었지만, 정작 그의 소원은 죽음입니다.

19세기 영국 빅토리아 시대의 시인 알프레드 테니슨은 〈티토노스〉라는 시에서 '죽을 수 있는 행복한 사람'을 노래합니다. 시 속의 티토노스는 신이 준 불사의 축복을 다시 거두어가기를 원합니다. 시인은 티토노스 신화를 소재로 끝이 있는 인간의 삶이 축복이라고 말합니다. 오래 살지만 젊음이 따라주지 못해 생기는 비극을 '티토노스 덫(Tithonus trap)'이라고 하는 데는 이런 이야기가 얽혀 있습니다.

신화 속 이야기가 이제는 현실이 되고 있습니다. 의학의 발전으로 삶이 충분히 길어지고 있기 때문입니다. 현실이 된 신화를 재해석해서 티토노스의 비극이 일어나지 않게 해야 합니다. 장수 시대에 맞게 건강이나 자산의 수명을 늘려야 합니다. 오래도록 몸이 건강하고, 일을 하고, 쓸 돈도 있어야 합니다.

이를 위해 삶을 재구조화(restructure)해야 합니다. 구조의 변화에는 임시방편으로 맞대응할 수 없습니다. 구조의 변화로 대응해야 합니다. 인간 수명이 구조적으로 변했다면 삶의 구조도 바꾸어야 합니다. 단순히 재테크를 조금 더 잘하고 운동을 좀 더 열심히 하는 정도로는 안 됩니다. 재무적, 비재무적 측면과 관계된 삶의 구조를 완전히 바꾸어야 합니다. 나이 들어도 일의 중심에서 벗어나지 말아야 하며 사회적 관계에서 멀어지지 않아야 합니다.

특히 건강, 관계, 돈, 일과 관련해 길어진 수명에 맞게 새로운 관점을 가져야 합니다. 화살의 과녁이 50미터에서 200미터로 멀어지면 시위를 세게 잡아당긴다고 해서 해결되지 않습니다. 근본적으로 근육을 키워 내 몸의 구조를 바꾸어야 합니다. 2장부터는 티토노스의 전철을 밟지 않는 방법을 구체적으로 살펴보겠습니다.

2장

관계

關
係

당신 말이 옳소

인생의 전환점을 유연하게 넘기 위해서는 관계망이란 비행기를 연착륙시켜야 합니다. 전환점의 시기에 관계망은 양적·질적으로 큰 변화를 겪습니다. 그냥 두면 경착륙하다가 동체가 두 동강 날 수도 있습니다.

우리는 태어날 때부터 관계 속에서 살아갑니다. 관계는 부모에서 시작해서 친구로 확장됩니다. 결혼을 하면 배우자의 관계망에 통째로 접속하게 됩니다. 사회생활을 시작하면 관계망이 폭발적으로 넓어집니다.

하지만 일에서 물러나면서 사회적 관계망이 급속하게 축소되고 자녀가 결혼 등의 이유로 독립하면 관계망이 총체적으로 축소됩니다. 이 시기의 관계망은 자칫하면 양적으로 급속하게 축소될 뿐 아니라 질적으로도 악화될 수 있습니다. 잘 연착륙시켜 좋은 관계망을 유지해야 합니다. 이를 위해서는 관계망을 다양화하면서 한편으론 핵심 관계망을 견고하게 만들어야 합니다. 친구, 이웃 등의 관계망을 유지보수하고 봉사, 종교 등을 통해 새로운 사회관계망을 만들어야 합니다. 바빠서 소홀했던 관계망이 있다면 복원해야 합니다.

무엇보다 핵심 관계망인 부부 관계를 견고히 해야 합니

다. 부부는 삶의 전환기에 변화의 무게를 함께 감당하는 관계입니다. 평소 부부 관계가 삐걱거리던 분들은 이 시기에 별거, 졸혼, 황혼이혼을 겪기도 합니다. 부부는 나이가 들수록 서로에게 자산이 되어주어야 하는데 사이가 나쁜 상태에서 부담이 집중되면 부러져버리기도 합니다.

부부 관계는 너무 가까이 깊숙하게 관여해도 안 되고 그렇다고 너무 멀리 떨어져 있어도 안 됩니다. 중력이 있는 두 물체는 적정한 거리가 유지되어야 태양계처럼 서로의 자리를 유지할 수 있습니다. 거리가 너무 가까우면 서로 부딪혀 부서지고 너무 멀면 명왕성처럼 태양계의 궤도를 벗어나버리고 맙니다. '따로 또 같이'의 지혜가 필요합니다.

인간관계는 참나무의 그늘 같아서 만들어지려면 오랜 시간이 흘러야 합니다. 만들어진 그늘을 소홀히 하면 안 되는 이유입니다. 나이 들수록 관계망에 세심한 주의를 기울이고 관계망을 보살피고 확장하면 노후에 좋은 쉼터를 얻을 수 있습니다.

황혼이혼 당하지 않는 대화법

내가 옳다면 화낼 필요가 없고,
내가 틀렸다면 화낼 자격이 없다.

— 마하트마 간디

은퇴를 앞둔 중견 회사의 김 부장은 아내와 함께 편안한 노후를 꿈꿉니다. 그런데 어느 날, 아내가 헤어지자고 선언합니다. 마른하늘에 날벼락이라더니 전혀 예상치 못했던 일입니다. 이유를 물었지만 아내는 대답은 않고 그냥 이혼하자는 말만 되풀이합니다.

드라마에서나 나올 사연 같습니다만 은퇴연구소에 있다 보면 비슷한 사연을 적지 않게 접하게 됩니다. 부부마다 나름의 사정이 있겠지만 원인을 따져보면 평소 대화가 원활하지 않은 경우가 많습니다.

대화는 이해를 위한 과정입니다. '말하지 않아도 내 마음을 알 거야' 하는 이심전심(以心傳心)은 접어두는 게 좋습니다. 대화를 해야 오해가 풀리고 앙금이 쌓이지 않습니다. 그런데 대화란 게 사실 만만하지 않습니다. 신호를 보내는 송신자와 신호를 받는 수신자가 자신의 생각으로 신호를 만들고 자신의 방식으로 신호를 받기에 올바른 뜻이 전달되기가 쉽지 않습니다. 송신기와 수신기가 동일하면 문제될 게 없지만 그런 경우는 거의 없다고 봐야 합니다. 이런 엇박자를 오랫동안 방치하면 황혼이혼의 불씨가 됩니다. 부부간에 어떻게 대화를 해야 할까요? '달과 공주'라는 우화를 잠깐 빌려오겠습니다.

옛날옛날에 왕과 왕비의 사랑을 한몸에 받는 공주가 있었습니다. 어느 날 공주가 달을 따달라고 졸라댔습니다. 왕은 공주를 설득할 수 없자 학자들을 불렀습니다. 학자들은 "달은 너무 멀리 있어서 딸 수 없습니다. 설령 달까지 가더라도 달이 너무너무 커서 가져올 수 없습니다"라고 설명했습니다. 하지만 공주는 막무가내였습니다.

마침내 광대까지 동원되었습니다. 광대는 공주에게 물어보았습니다. "달은 어떻게 생겼습니까? 달은 얼마나 큽니까? 달은 무슨 색입니까?" 공주는 이렇게 답했습니다. "달은 동그랗고 손톱만하고 황금색이야." 그러자 광대는 황금으로 만든 손톱만한 달을 갖다주었습니다. 그런데 걱정이 되었습니다. 밤에 달이 뜨면 공주가 저

달은 대체 뭐냐고 물어볼 텐데 어떻게 설득해야 할까요?

그래서 광대는 또 물어보았습니다. "달을 따 왔는데 오늘 밤 달이 또 뜨면 어떡하죠?" 공주는 "이가 빠지면 나듯이 달은 하나를 빼 와도 또 떠올라. 호수에도 물 컵에도 달이 있는데 하나 가져왔다고 안 떠오르겠어?"라고 답했습니다. 게임 끝입니다.

이 이야기에서 '달을 딴다'라는 말을 학자와 공주는 다르게 이해하고 있습니다. 반면에 광대는 '달을 딴다'라는 말을 공주의 관점에서 파악하고 해결책을 제시합니다. 여기에 등장하는 학자들의 설득 방식은 주로 남성들의 대화 스타일이라고 할 수 있습니다.

남성에게 사실과 논리는 대화의 수단이며 대화의 목표는 문제 해결에 있습니다. 문제 해결을 위해 사실과 논리에 철저하게 집중하는 것이지요. 부부가 대화할 때 남편이 답답해하며 "대체 문제가 뭐냐? 지금부터 차근히 내가 묻는 말에 답해라. 결론적으로 하고 싶은 말이 뭐냐"라고 다그치는 데는 이런 배경이 있습니다. 자신의 논리와 세계를 고집하다 보니 여성이 이야기를 꺼낸 배경과 이유를 생각하지 않습니다. 가끔씩 여성의 동기에는 남성이 잊어버린 저 옛날 일까지 연결되어 있으니 더더욱 이해의 간극은 커집니다. 원활한 대화를 위해서는 시험을 잘 보는 학생들이 문제의 이면에 감춰진 출제자 의도를 파악하는 것처럼, 사실과 논리는 잠시 접어두고 여성의 의도와 맥락을 이해해야 합니다.

나이가 들수록 광대의 대화 방식은 힘을 발휘합니다. 젊었을 때 아내는 남편의 논리를 참고 들어줄 인내와 포용이 있지만 나이 들수록 이를 받아줄 마음과 여유가 줄어듭니다. 남성이라면 대화 방식을 '이해·논리·설득·문제 해결'에서 '청취·공감'으로 바꿔가야 합니다.

공감(sympathy)이란 감정(pathos)을 같이(sym)한다는 뜻입니다. 그리스어 파토스(pathos)는 열정, 고난 같은 깊은 감정을 뜻하는데 슬픈 감정을 말하는 경우가 많습니다. 기쁜 감정은 다른 사람이 공감해주지 않아도 괜찮습니다. 자식이 좋은 대학에 기적같이 합격하면 그냥 혼자 집에 있어도 싱글벙글 즐겁습니다. 공감이란 결국 한 인간의 내면에 자리 잡은 깊은 슬픔을 이해하는 것이라고 볼 수 있습니다. 사람이라면 누구나 자신만의 깊은 슬픔을 갖고 있습니다. 남성도 여성도 마찬가지입니다.

물론 여성도 남성의 대화 방식을 이해해야 합니다. 남성은 연장통을 들고 다니면서 고치는 걸 좋아하는 문제 해결형입니다. 공감을 바라는 것인지 아니면 어떤 문제를 풀어보자는 것인지 구분해서 명확하게 신호를 주어야 합니다. 요점을 구체적이고 직접적으로 알려줘야 합니다. 처음 아내와 만났을 때 다시 만나자고 했더니 아내는 이모 애를 봐줘야 한다고 답했습니다. 저는 다른 사람에게 맡기고 나오면 되지 않느냐고 되물었습니다. 나중에 알고 보니 저를 만나지 않으려는 핑계였는데 눈치가 없어서 몰랐던 거죠. 아내는 그때 막무가내로 나오라고 하는 저의 적극성이 마음에 들었다고 했습니다. 아이러니하게도 남녀의 대화방식 차이 때문에 결혼까지 하게 된 셈이죠.

분석철학자인 비트겐슈타인은 초기 저작 《논리철학논고》에서 언어의 논리적 사용을 통해 그림처럼 세상을 정확하게 묘사할 수 있다고 주장했습니다. 하지만 후기 저작인 《철학적 탐구》를 보면 언어에 대한 생각이 완전히 바뀌어 있습니다. 언어를 논리적 구성체가 아닌 게임으로 본 것이죠. 이탈리아의 경제학자 피에르 스라파를 만난 것을 계기로 이런 사고의 전환이 이뤄졌습니다.

스라파가 손으로 턱을 쓰다듬으면서 이 의미가 무엇인지 알아맞혀보라고 했습니다. 비트겐슈타인은 답하지 못했습니다. 이탈리아 사람들이 경멸의 뜻을 나타낼 때 사용하는 그 동작을 오스트리아인인 비트겐슈타인이 알 리 없었던 거죠. 이처럼 언어는 생활 형태를 반영합니다. 생활 형태를 모르면 언어를 정확히 이해할 수 없습니다. 그런데 아이들은 언어의 논리성을 배우지 않아도 게임처럼 너무 편하게 익히고 또 아무런 문제없이 의사소통을 합니다.

이를 보고 비트겐슈타인은 언어는 텍스트(text)의 구성물이라기보다는 맥락(context)에서 이해해야 한다고 결론 내립니다. 예를 들어 벽돌공이 벽돌을 쌓으면서 조수에게 "벽"하면서 손을 내밀면 벽돌을 건네주는 건 둘 사이에 맥락이 형성되어 있기 때문입니다. 외국어를 배울 때도 사전을 통해 단어의 의미를 알고 그 단어들을 문법적으로 연결하는 게 아니라 그 나라의 생활 형태를 알아야 외국어에 담긴 뜻을 제대로 이해할 수 있습니다. 배우자와의 대화도 텍스트의 구성물로 볼 게 아니라 상대방의 생활 형태나 맥락을 읽어야 합니다.

나이 들어 자녀가 독립하면 부부가 서로의 불만을 억누르고 인내하게 만드는 자녀라는 매개체가 사라집니다. 게다가 신체적으로 약해지면서 사소한 말 한마디에도 신경질적으로 민감하게 반응하게 됩니다. 설상가상으로 부부가 함께 있는 시간은 늘어납니다. 성냥 옆에 검불이 가득 있는 형국입니다. 앞으로 아내를 위해, 그리고 나를 위해 달과 공주의 광대처럼 '공감력'을 키워봅시다. 아내 역시 문제 해결에 초점을 맞추는 남성의 대화 방식을 이해해야 합니다. 반 걸음씩 서로의 방식에 가까워지면 관계 리스크도 비껴갈 수 있을 겁니다.

나는 두 집 살림을 꿈꾼다

본래 둘이던 국과 밥이 하나가 되고,
하나이던 것이 다시 둘이 된다.

― 한성우, 〈국과 밥의 따로 또 같이〉

산에서 홀로 살아가는 사람들을 찾아가는 인기 프로그램 〈나는 자연인이다〉를 보다가 아내에게 산 속에서 혼자 자는 것만 무섭지 않으면 나도 저렇게 살고 싶다고 말했습니다. 아내는 단 1초의 망설임도 없이 다음과 같이 답하더군요. "나는 따라갈 마음이 추호도 없으니 혼자 자연인 하든지 마음대로 하세요."

조사에 따르면 노후에 재무적 이슈는 부부간 의견차가 크지 않지만 주거, 부모 봉양, 자녀 교육 같은 비재무적 이슈에 대해서는 의견차가 크다고 합니다. 부부간에 비재무적 의견차를 줄이는 것은 부부 관계에 있어 매우 중요합니다. 주거에 대해서는 특히 그렇습니다.

미래에셋은퇴연구소가 2012년 서울 및 일산, 분당에 사는 30~49세 부부 가구 400쌍(800명)에게 은퇴 후 살고 싶은 곳을 물어보았습니다. 400쌍의 부부 중 80퍼센트는 은퇴 후 주거지를 옮길 계획이 있다고 답했습니다만, 이주 지역에 대해서는 절반 정도의 부부가 다른 의견을 보였습니다.

남편은 비교적 전원 생활이 용이한 서울 근교에 살고 싶다는 비중이 46퍼센트, 지방 중소도시(시골)로 가고 싶다는 비중이 29퍼센트로 이 둘을 합치면 75퍼센트에 이릅니다. 반면에 서울과 신도시에 살고 싶다는 비중은 17퍼센트에 불과했습니다. 아내는 이와 정반대입니다. 아내는 서울과 신도시의 비중이 52퍼센트인 반면에 서울 근교는 27퍼센트이고 지방 중소도시 비중은 8퍼센트에 불과했습니다.

주택 유형을 보면, 남편은 전원주택에 대한 선호(51퍼센트)가 가장 높은 반면에 아내는 아파트를 가장 많이 선호(45퍼센트)했습니다. 단독주택과 빌라 선호도는 각각 24퍼센트와 21퍼센트로 비슷했습니다. 실버타운은 거의 선호하지 않았습니다.

이런 결과가 나오는 이유는 주거에 대한 남녀간 효용이 다르기 때문입니다. 남편은 은퇴 후 주거 공간이 갖추어야 할 조건으로 '공기 좋고 한적한 곳' '야외의 여유로움' '소일거리가 있는 곳'을

듭니다. 바다나 산을 보며 산책도 하고 텃밭을 가꿀 수 있는 곳을 찾습니다. 남성에게 사냥 본능, 농사 본능이 있기 때문인 듯합니다.

아내가 생각하는 주거 공간 조건은 다릅니다. '서울 진입 한 시간 내' '문화·레저·병원·편의시설' '친구 모임·쇼핑 가능'이 중요한 고려 사항입니다. 자녀 집에서 너무 멀지 않아야 한다는 조건도 들어갑니다. 전원주택이 싫은 이유로는 방범, 주택 관리, 벌레 등이 있습니다. 진주에 살고 있는 형수님은 서울에 한 번씩 올라오면 가슴이 확 트인다고 합니다. 남성들은 시골에 내려가면 가슴이 트인다고 하니 정말 다르긴 다른가 봅니다.

주거에 대해 의견이 다를 경우에는 '따로 또 같이'를 시도해보면 어떨까요? '따로 또 같이'는 전원에 살고 싶은 남편의 선호와 도심에 살고 싶은 아내의 선호를 모두 충족해줍니다. 아내와 많은 시간을 보내고 싶어 하는 남편의 바람은 어떻게 하느냐고요? 그건 전원 생활에서 텃밭 가꾸기 등 다른 활동을 하는 것으로 대체할 수 있습니다. 이렇게 되면 부부 각각의 선호를 모두 충족할 수 있습니다.

수년 전에 한 위원회의 장을 맡고 있는 60대 지인이 명색이 제가 은퇴연구소장이라고 고민을 하나 이야기했습니다. 사연인즉, 시골에 전원주택을 마련했는데 아내가 절대 따라가지 않겠다고 했다는 겁니다. 저는 오히려 잘된 일일지도 모르겠다고 답해드렸습니다. 아내를 좀 더 자유롭게 해줄 수 있을 뿐 아니라, 매일 둘이서 오랜 시간 보고 있으면 사이가 나빠지기 쉬운데 가끔씩 보면 애틋해져 부부 사이가 좋아질 수도 있다고 말씀드렸습니다. 어떻게 되었냐고요? 결과는 성공적이어서 부부 모두 대만족하고 있습니다.

다만, 문제가 하나 있습니다. 집을 하나 더 마련하려면 돈이 들어갑니다. 하지만 교외의 주거 비용은 지금보다 줄어들 전망입니다. 이미 일본은 빈 집이 800만 채라 빈 집에 살아주면 정착비를 주는 지방자치단체가 등장했습니다. 우리나라도 고령화가 진전되면 빈 집이 많아져 지방의 주거 비용이 낮아질 것입니다. 그리고 소도시는 대도시에 비해 생활비가 비교적 덜 들다 보니 추가적인 주거 비용 부담이 어느 정도 상쇄됩니다.

주거는 행복 경험에 큰 영향을 주는 주요 요소입니다. 원치 않는 곳에 살면 행복 경험이 뚝 떨어지게 되겠죠. '부부이기 때문에' 함께 묶여야 한다는 고정관념을 깨고 부부 각자의 행복을 모두 높일 수 있는 방향으로 결정하는 게 좋습니다. 선호가 다를 때는 두 집 살림도 하나의 대안입니다.

근육보다 관계

천국에 혼자 살게 하는 것보다 더 큰 형벌은 없다.

— 괴테

일본 도쿄대 노화연구소가 65세 이상 5만 명을 대상으로 노쇠 정도를 추적 관찰했습니다. 운동과 사회 활동을 하지 않는 사람(A), 홀로 운동을 하는 사람(B), 운동은 잘 안 하지만 사회 활동을 하는 사람(C)으로 나누어 건강을 조사한 결과, 건강은 C, B, A 순으로 좋았습니다.

'운동도 안 하는데?'라는 의문을 가질 수 있지만 사회 활동을 하다 보면 자연스레 어느 정도 운동이 됩니다. 사람을 만나려면 전철을 타고 계단을 오르내려야 하지 않습니까. 그것만 해도 큰 운동입니다.

근육은 일상생활에서 받은 적 없는 과부하가 걸리면 근섬유가 손상되어 피로 상태에 빠집니다. 이후 2~3일 사이에 회복되는데 이때 과부하를 견디기 위해 더 많은 근섬유를 만듭니다. 이를 초과 회복이라 하는데 이 기간에 운동을 반복하면서 근육량이 증가하게 됩니다. 그래서 1년 정도 작정하고 운동하면 누구나 소위 '몸짱'이 될 수 있습니다. 하지만 근육은 비싼 조직이어서 쓰지 않으면 금방 줄어들기 때문에 꾸준히 관리해주어야 합니다. 빨리 만들어지기도 하지만 사용하지 않으면 그만큼 빨리 사라지는 게 근육입니다.

관계는 훨씬 장기적인 노력이 필요합니다. 부부, 자녀, 친구, 사회관계는 1~2년 사이에 만들어지지 않습니다. 동창 관계는 10년 이상의 교류가 필요하고 사회관계를 형성하는 데도 수년 이상 걸립니다. 그냥 오랜 기간 알았다는 것만으로 관계가 형성되는 것도 아닙니다. 다양한 경험을 공유해야 합니다.

부부는 숱한 경험을 공유합니다. 자녀와 아버지의 관계가 어머니와 달리 서먹한 것은 같이 산 기간이 짧아서가 아니라 공유한 경험이 적기 때문입니다. 전쟁터에서 함께 생사를 누빈 전우일수록 끈끈한 사이가 되는 이유도 극한 경험을 공유했기 때문입니다. 관계는 기간과 경험의 공유 이 둘이 모두 충족되어야 합니다. 이렇게 만들어진 관계는 억만금을 주고도 살 수 없는 귀중한 자산이 됩니다. 30년 동안 자라서 큰 그늘을 만드는 참나무처럼 말입니다.

관계는 장기적으로 관리하고, 경험을 공유해야 하며, 나 혼자만이 아닌 타인과의 상호작용으로 완성됩니다. 이는 혼자 만들어가고 또 단기에 만들어졌다 단기에 사라지는 '근육 키우기' 메커니즘과는 다릅니다. 관계를 키우기 위해서는 어떻게 해야 할까요?

'따로 또 같이'의 관계가 필요합니다. 관계라고 해서 밀착하라는 게 아닙니다. 적정한 거리를 두는 게 필요합니다. 《약간의 거리를 둔다》를 쓴 소노 아야코는 관계도 통풍이 잘되어야 한다고 말합니다. 집은 통풍이 잘되려면 문 두 개가 거리를 두고 있어야 합니다. 약간의 공간이 있어야 통풍이 잘됩니다. 꼭 붙어 있으면 안 됩니다. 땀에 젖은 옷을 말릴 때 몸에 밀착된 옷에 공간을 주듯 말이지요.

부부도 '따로 또 같이'가 필요합니다. 제 주변에는 남편이 지방에서 일하면서 한 달에 두세 번 집에 오니 부부 사이가 애틋해졌다고 하는 분들이 있습니다. 젊었을 때는 연인이 타고 있는 버스를 따라가며 하염없이 손을 흔들었지만 이런 행동을 안 해 본 지 수십 년입니다. 그런데 떨어져 살다 보니 고속버스 창문을 사이에 두고 손을 흔들면서 그 마음을 다시 느껴보게 됐다고 합니다.

세상에 대한 관심을 끊지 말아야 합니다. 나이가 들수록 말의 속도가 느려지고 기억력이 떨어지다 보니 이, 그, 저 같은 말을 많이 쓰게 됩니다. 고장 난 레코드처럼 했던 이야기를 그것도 옛날이야기를 반복하고 또 반복합니다. 자신만 남들에게 재미없어진 사실을 모릅니다.

제가 참석하는 모임에 전직 국회의원을 지낸 여성분이 있습니다. 칠순을 넘겼지만 최신 화제에 밝다 보니 세대차가 느껴지기는커녕 매번 배우는 게 많습니다. 헤어질 때는 단 한 번도 다른 사람의 차를 타는 적 없이 대중교통을 이용한다며 '빠이' 하고 떠나버립니다. 여기저기 그녀를 찾는 곳이 여전히 많은 이유는 전직 국회의원이어서가 아니라 이러한 노력이 있기 때문입니다.

봉사 활동을 늘려야 합니다. 우리나라 중년들의 관계망은 남녀를 막론하고 친목 활동이 압도적입니다. 대부분 동창회, 동호회 모임이지요. 미국이나 유럽에서 사회봉사나 사회참여가 활발한 것과는 대조됩니다. 우리보다 먼저 고령화의 길을 밟은 일본이나 대만을 보더라도 시니어의 봉사 활동 비중이 늘어나고 있습니다. 사회봉사 활동은 젊었을 때 가족을 대상으로 했던 역할과 책임을 다른 형태로 다시 수행하는 것입니다. 서로 즐기는 삶도 좋지만 사회에 기여하는 삶은 깊이 우러난 진국 같은 맛을 줍니다.

먼저 연락하십시오. 현직에서 물러나면 관계가 급속히 축소됩니다. 관계가 소원해진 친구들에게 먼저 연락을 해보십시오. 의외로 반갑게 맞아줄 겁니다. 학창 시절 동호회 친구들, 한창 사회생활을 할 때의 동료와 선후배 등 가만히 찾아보면 연락할 이가 많이 있습니다. 남성들은 동창 위주의 관계가 주를 이루기 때문에 지역의 이웃에게로 관계를 확장할 필요가 있습니다. 갑작스레 어떻게 하냐고요? 아내가 만들어놓은 관계망을 활용하는 것도 방법입니다.

인간은 관계 속에 존재합니다. 오늘의 우리를 만든 것은 수많은 관계입니다. 혼자만의 힘으로는 여기까지 올 수 없었을 겁니다. 한국 남성은 70세가 넘으면 TV를 끼고 산다고 합니다. TV를 끕시다. 그리고 용기 내 관계망의 외연을 확대합시다. 관계의 힘은 근육보다 더 중요한 역할을 합니다.

에고라는 적

내 속엔 내가 너무도 많아 당신의 쉴 곳 없네,

— 시인과 촌장, 〈가시나무새〉

나이가 들면 감정이 여과 없이 그대로 드러나기 쉽습니다. 특히 분노는 직선적으로 표출됩니다. CNN은 2018년 한국에서는 10대보다 노인을 조심해야 한다는 방송을 내보냈습니다. 내용인즉 65세 이상 범죄율이 지난 5년 동안 45퍼센트 증가했고 살인, 방화, 강간, 강도 등 강력범죄는 2013년 1062명에서 2017년 1808명으로 70.2퍼센트 증가했다는 것입니다. 일례로 2018년 8월 경북 봉화에서 상수도 문제에 불만을 품은 70대 귀농인이 면사무소에 엽총을 들고 들어가 공무원 2명을 살해하는 사건이 발생하기도 했습니다.

일본에서는 '폭주노인'이 사회문제화되고 있습니다. 분노의 정도가 일상생활을 유지하기 어려울 정도로 심해지면 분노조절장애라고 합니다. 분노조절장애는 스트레스 상황에 장기간 노출되거나 가슴속에 응어리가 쌓여 있다가 어떤 사건을 매개로 폭발하는 것으로, 나이 들수록 그 가능성이 커집니다. 스트레스 상황, 부정적인 사건들이 마치 전쟁터의 백전노장에게 남은 상처처럼 마음속에 켜켜이 쌓여 있기 때문입니다. 폭주노인이 급증하게 된 배경에는 부당함, 좌절감, 무력감이 깔려 있습니다. '지금까지 내가 뭘 잘못했기에 이런 취급을 받느냐, 이제 나는 사회에서 버려진 존재냐, 내가 자식에게 해준 게 얼마인데'라는 마음입니다. 나이가 들면 정도의 차이가 있을 뿐이지 누구나 이런 상황에 노출됩니다. 분노를 조절하지 못하면 상대방에게 해를 가할 뿐 아니라 나에게도 치명적일 수 있습니다.

회사에서 1박 2일 워크숍을 눈이 펑펑 내리는 제주도로 떠난 날 아버지가 쓰러져서 의식불명이라는 전화를 받았습니다. 부랴부랴 비행기표를 구해 고향 마산으로 갔습니다. 아버지는 별명이 영국 신사일 정도로 매너가 좋으셨지만 다혈질이어서 가끔씩 흥분을 참지 못하실 때가 있었습니다. 칠순이 넘은 분이 그날도 동사무소 직원과 사소한 말다툼을 하다가 화가 치밀어 올라 뇌출혈로 그 자리에 쓰러지신 겁니다. 다행히 조짐이 이상할 때 어머니에게 전화를 했고 어머니가 바로 119에 연락한 덕에 2~3일 정도 혼수상태로 있다가 기적적으로 후유증 하나 없이 깨어나셨습니다. 숨골로 피가 한 방울만 떨어졌어도 사망했을 거라고 의사가 말할 정도로 아찔한 순간이었습니다. 노후에는 분노가 바로 생명과 직결될 수도 있습니다. 분노는 또한 배우자나 자식과 돌이킬 수 없는 골을 만드는 단초가 되기도 합니다.

분노의 발생 기제를 살펴보면, 짚에 불이 붙는 과정과 유사합니다. 짚은 지금의 '나(ego)'입니다. 불꽃이 일어나서 에고에 불을 붙입니다. 상처를 많이 입은 에고는 짚이 수북하게 쌓인 초가지붕처럼 불꽃이 옮겨붙기만 하면 금방 활활 타오릅니다. 분노조절장애에 대응하는 것은 결국 불꽃이라는 외부 환경과 에고 관리의 문제로 귀착됩니다. 외부 환경인 불꽃이 일어나지 않게 하거나 일어난 불을 끌 수도 있고, 혹은 아무리 불꽃이 많이 생겨도 에고라는 짚에 불이 붙지 않게 할 수도 있습니다. 분노를 조절하는 3가지 해결책을 제시해봅니다.

불이라는 외부 환경을 멀리합니다. 연구소가 광화문 근처이다 보니 정치권 소식에 지나치게 몰입하는 중장년들을 자주 목격합니다. 그분들이 내뿜는 분노는 가히 파괴적이라 건강이 걱정될 정도입니다. 스포츠 경기를 보고 혈압 오른다는 이들도 많습니다. 아내 친구의 아버지는 농구 시합 중계를 보시다가 뇌출혈로 돌아가셨습니다. 요순시대 허유는 임금을 맡아달라는 소리에 냇가에서 귀를 씻었다고 합니다. 아홉 개 주의 장관이라도 맡아달라는 요청에 또 귀를 씻고 있는 허유를 보고 소에게 물을 먹이던 친구 소부가 한 말이 걸작입니다. "누가 당신더러 소문을 크게 내라 그랬소. 스스로 번거로움을 자처해놓고 귀를 씻는 쇼를 벌이지 마시오. 내 소의 입을 더럽히지 마시오"라고 말하고 귀를 씻은 물을 소에게 먹이지 않으려고 강 상류로 갔다고 합니다. 마음의 안정과 건강을 위해서라도 중원(中原)의 일에 너무 몰입하지 말고 문학, 철학, 예술 등 다른 대상으로 관심을 분산해보는 건 어떨까요?

불과 짚 사이에 해자(垓子)를 만듭니다. 그러면 불이 나더라도 짚에 옮겨붙지 못하고 스스로 꺼지고 맙니다. 어떤 방법으로 해자를 만들 수 있을까요? 화가 나는 일이 발생했을 때 화제를 다른 데로 돌립니다. 숨을 깊이 '후우' 하고 내쉬어도 좋습니다. 숨 밖으로 나온 화를 손으로 휘저어 날려버리십시오. 화가 올라올 때 즉각 반응하지 말고 5분 동안은 '판단중지'합니다. 오스트리아 철학자 에드문트 후설은 사물을 바르게 인지하기 위해서는 세상의 모든 지식에 대해 판단을 중지하고 자신의 의식으로 시선을 돌려야 한다고 했습니다.

화가 올라올 때 그 상황에 몰입해 바로 반응하는 것은 위험합니다. 이 한순간을 참지 못하는 것을 우리는 '마(魔)가 씌었다'라고 표현합니다. 아이와 다투다 너무 화가 나서 컴퓨터를 창밖으로 던진 남성도 있고 창밖으로 뛰어내린 엄마도 있습니다. 한 걸음 떨어져 있어야 합니다. 번쩍하고 불꽃이 일어날 때를 대비해 해자를 만드십시오.

에고를 수련합니다. 불가에 회광반조(回光返照)라는 말이 있습니다. 대상을 향해 비추던 빛을 내 얼굴로 돌려 비추는 것을 말하는데, 외부에 의존하지 않고 자신의 마음을 직시하는 것을 뜻합니다. 자신의 의식으로 시선을 돌려 지금의 나를 긍정적으로 이해하면 과거부터 무의식에 쌓여 나를 왜곡하는 카르마(업)를 없앨 수 있습니다. 남명(南冥) 조식 선생은 성성자(惺惺子)라는 방울을 달고 다니면서 에고(ego)에 휘둘리지 않고 항상 깨어 있으려 노력했습니다.

작은 분노가 자꾸 쌓이다 보면 나도 모르게 폭주노인이 됩니다. 나를 흥분시키는 대상을 멀리하고 불꽃과 짚 사이에 해자를 만드는 것만 실천해도 극단의 상황을 막을 수 있습니다. 에고를 수련하는 방법은 상당한 내공이 요구되지만 꾸준히 실천해볼 만합니다. 남명 선생은 하늘을 두 쪽 낼듯 떨어지는 벼락에도 꿈쩍 않는 지리산 같은 모습을 본받으려 했습니다. 나이 들수록 부정적 경험들이 산더미처럼 쌓여 있는 에고의 휘둘림에 흔들리지 않아야 합니다.

집은 회사가 아니며,
남편은 상사가 아니다

"먹고 싶은 게 있으면 뭐든 말만 해요. 가르쳐줄 테니.
평소에 먹는 음식은 마음만 먹으면 금방 배울 수 있어요."
아저씨는 깨달았다. 이제 행복한 점심은 찾아오지 않는다는 것을.

―《은퇴남편 유쾌하게 길들이기》에서

가사 분담은 젊으나 늙으나 부부의 중요 관심사입니다. 우리나라는 전반적으로 남성의 가사 분담률이 낮은 편입니다. 젊은 세대, 특히 맞벌이 가구는 가사 분담률이 높을 것 같은데도 OECD 국가들에 비하면 여전히 낮습니다. 맞벌이 문화가 일찍이 정착된 국가들에 비해 우리나라는 이제 문화적으로 적응해가는 과정이라 볼 수 있습니다. 앞으로 노동 시간이 줄어들고 맞벌이가 일상화되면 남성의 가사 분담률은 더 높아질 것으로 보입니다.

문제는 젊어서 집안일과 바깥일이 분업화된 애덤 스미스의 분업 이론을 가정에서 실천해온 5060세대들입니다. 이제 퇴직하면 바깥일을 하지 않다 보니 더 이상 분업이 되지 않습니다. 여기서 여러 가지 마찰이 발생합니다. 어떤 사람은 그냥 놀기만 하다가 '삼식이' 취급을 받기도 하고, 어떤 사람은 요리도 수준급으로 배우는 등 너무 빨리 주부로 변신해 집안일을 접수하려고 합니다. 어떤 변신이 적절할까요? 답은 겸손과 중용에 있습니다. 무엇보다 회사를 집으로 옮겨오지 않아야 합니다. 집은 집이고 회사는 회사입니다.

사례 1

제 이야기입니다. 예전에는 설거지를 도왔는데 마무리를 깨끗이 못 한다고 퇴출되고, 지금은 빨래할 때 20~30장 나오는 수건 개는 일을 맡고 있습니다. 군대에서 모포를 개던 기억이 있어 그런지 원래 꼼꼼해서 그런지 몰라도 수건을 칼같이 각 맞춰 일렬로 쌓아놓습니다. 제가 쌓아놓은 수건을 보고 아내는 어쩜 이렇게 꼼꼼하게 갰냐고 칭찬해줍니다. 그러면 우쭐해서 "내가 일을 하면 확실하게 하지. 다른 집안일도 일단 하면 확실히 할 거야"라고 답합니다. 아내는 그냥 "맞아, 맞아"라고 추켜세웁니다.

얼마 전 일본 수필가 오가와 유리의 《은퇴남편 유쾌하게 길들이기》라는 책을 다시 보게 되었습니다. 퇴직한 남편이 아르바이트 나가는 아내를 도우려 집안일을 시작했는데 직장에서 일하듯 너무 꼼꼼하게 잘한다는 이야기입니다. 구석구석 청소해놓은 걸 보고 아내가 "어머 깨끗해"라고 하자 남편은 "그렇지? 당신은 무슨 일이건 건성으로 하잖아. 당신이 한 것과는 차원이 다르지"라고 답합니다. 이를 듣고 아내는 '주부 자리 꿰차고 거만 떠는 남편 시집살이를 하면서 살 노후를 생각하면 답답하다'고 생각합니다.

가슴이 뜨끔했습니다. "당신이 한 것과는 차원이 다르잖아"라는 말이 전 세계 남성의 공통 언어인지 몰라도 저 역시 정확하게 이런 말을 아내에게 했기 때문입니다. 지금 생각하니 제 자랑을 아내는 그냥 웃으며 받아준 것 같습니다. 아내가 수건을 잘 갰다고 칭찬할 때 "내가 개봐야 얼마나 잘 개겠어. 가끔 개니까 이런 거지 매일 개면 나도 개판일 거야"라고 답했으면 얼마나 좋았을까 생각해봅니다. 역시 겸손한 마음이 제일인 것 같습니다.

사례 2

지인에게 들은 이야기입니다. 퇴직한 남편이 냉장고, 옷장, 창고 등을 모두 뒤져서 치워놓았다고 합니다. 급기야 아내에게 가계부를 들고 오라고 해서는 항목들을 엑셀 시트에 입력하기 시작합니다. 지출액 추이를 항목에 따라 그래프로 그리고, 이번 달 지출 내역을 파이 차트로 그리기도 합니다. 남편은 컴퓨터 옆에 아내를 앉히고는 자랑스럽게 가계부 지출 내역을 시계열과 파이차트로 보여주며 분석합니다. 사무실에서의 노하우를 가정에 접목해 혁신을 이루었다고 속으로 쾌재를 불렀을 것이 뻔합니다.

아내는 십중팔구 싫어합니다. 자신의 영역에 남편이 침범해 들어왔기 때문입니다. 냉장고, 부엌, 가계부는 자신의 영역으로 만들어놓은 분야입니다. 마치 사무실 책상 위의 서류들을 다른 사람들이 정리한답시고 다른 곳에 갖다 놓았을 때의 불쾌감과 비슷하다고 보면 될 겁니다. 냉장고에는 유통기한이 지난 음료도 있고 가계부를 보면 과다하게 지출한 부분도 있게 마련입니다. 또한 어떤 경우든 점령군처럼 행동하면 좋아할 사람이 없습니다. '집안일도 마음만 먹으면 내가 더 잘하니 나한테 맡겨라' 하는 태도는 강압적으로 보일 수 있습니다.

남성은 어느 정도 여성이 잘 모르는 자신만의 일을 해야 인정받을 수 있습니다. 신비주의는 이럴 때도 먹힙니다. 여성이 잘 아는 분야에서 전문가인 척해봐야 부처님 손바닥 안입니다.

하라 고이치가 쓴 《극락 컴퍼니》란 소설을 보면 퇴직한 사람들이 껍데기 회사를 만들어놓고 모여서 하루 종일 일을 합니다. 중동의 유가가 경제에 미치는 영향을 분석해서 바이어들에게 어떤 물건을 어느 가격에 팔지 결정하고 팩스로 계약서를 보냅니다. 그러면 상대편 껍데기 회사에서 협상을 하고 주문을 받습니다. 실제 제품 이동은 전혀 없습니다. 한마디로 회사 놀이를 하는 거죠. 아내는 매일 정장을 입고 회사로 출근하는 남편을 배웅합니다. 돈은 못 벌어 오는데 뭔가 일을 하고 있다고 믿으면서 말이죠.

전쟁에서는 후퇴 작전도 중요합니다. 무작정 도망가면 몰살 당할 수 있기에 공군이나 포병이 포격하는 동안 이동 속도가 늦고 숫자가 많은 보병이 먼저 철수해야 합니다. 퇴직해서 집으로 돌아갈 때도 단계적 작전이 필요합니다. 갑자기 집안일을 한다며 '갑'처럼 행동해서는 안 됩니다. 아내의 영역에 너무 깊숙하게 침투해서도 안 됩니다. 회사에서 일하던 방식을 집안일에 적용하는 건 소탐대실입니다. 융합과 혁신을 이런 데 써먹어서는 안 됩니다. 집안일에는 겸손하게 접근해야 하고 적절하게 중용을 지켜야 합니다.

당신 말이 옳소

너도 옳고, 너도 옳고, 당신도 옳소.

— 황희

영화 〈더 와이프〉를 보면서 영화 〈대부〉가 오버랩되었습니다. 〈더 와이프〉는 여성이 남모르게 간직한 깊은 슬픔을 보여주는데 반해 〈대부〉는 영광에 가려진 남성의 슬픔을 보여주기 때문입니다. 의문이 생겼습니다. '남녀의 이런 다른 슬픔을 서로 이해할 수 있을까?' 자신도 이해하지 못하는 마당에 다른 사람을 이해하는 건 어불성설이라고 봅니다. 그렇다고 외면할 수도 없습니다. 진퇴양난입니다. 우선 두 영화에 나타난 남성과 여성의 페이소스(pathos, 깊은 슬픔)를 살펴보겠습니다.

2019년에 개봉한 영화 〈더 와이프〉는 2003년 메그 울리처의 동명 소설을 기반으로 합니다. 다만 소설에서는 남성이 지역의 문학상을 수상하는 데 반해 영화에선 노벨문학상을 받는 설정이어서 메시지가 과장되게 다가오는 면이 있습니다. 간단히 말해 이 영화에서 남성은 모두 '찌질이'로 나옵니다. 소설가가 여성이니 여성의 눈에 비친 남성의 모습이라 할 수도 있겠습니다. 반면에 여주인공은 능력과 감성을 겸비하고 있으며 찌질한 남성을 포용하는 존재로 나옵니다.

노벨상을 받은 남편은 사회적 명성과 달리 무능력과 찌질함의 화신입니다. 글은 형편없이 쓰면서 입만 살아 있습니다. 노벨문학상을 받은 것도 아내가 하루 여덟 시간씩 글을 대신 써준 덕분입니다. 그런데도 남편은 여기저기서 바람피우고 만나는 여성마다 호두에 사인을 해주면서 작업을 겁니다. 감정적으로도 불안정하기 짝이 없습니다. 화난다고 노벨상 메달을 차 밖으로 던져버릴 정도입니다. 아들과 소통도 제대로 못 해서 티격태격하고, 대인관계는 아내가 옆에서 코치해주어야 합니다. 아들도 마찬가지여서 아버지가 자신의 글을 인정해주기만을 바라면서 자신 없는 인생을 살아갑니다. 아내는 이 모두를 포용하며 살아갑니다.

그러던 어느 날, 남편은 노벨상 수상 축하 만찬이 끝난 뒤 아내와 다툽니다. 아내가 이제 더 이상 못 참겠다며 헤어지자고 말하며 짐을 싸서 나가려 하는데 남편이 그만 심장마비로 죽고 맙니다. 이제 자신이 남편 대신 글을 써왔다고 밝혀도 될 만한 상황이 되었습니다만 아내는 통 크게 포용하기로 결심합니다. 이 사실을 폭로하려는 '남의 뒤나 캐고 다니는' 전기(傳記) 작가(역시 남성)에게 "만일 남편이 글을 쓰지 않았다는 걸 전기에 밝히면 소송을 하겠어요"라고 말하죠. 아내는 남편, 아들, 남의 뒤를 캐고 다니는 전기 작가 모두를 포용하며 모순 덩어리 현실을 안정시킵니다.

〈더 와이프〉는 여성이 모든 것을 참고 포용하면서 침묵하는, 여성만이 간직하는 페이소스를 보여줍니다. 포용하고 수용하며 많은 것을 낳고 길러냈는데도 불구하고 그 공이 자신에게 돌아오지 않는 여성의 깊은 슬픔을 대변합니다. 자식과 남편을 위해 희생하는 우리나라 여성들을 떠올리게 합니다. 영화관에서 50~60대 여성들이 〈82년생 김지영〉을 보고 우는 모습을 본 적이 있는데 비슷한 감정이지 않을까요. 남성들은 이런 슬픔을 오롯이 이해하기 쉽지 않을 겁니다.

반면 영화 〈대부〉 3부작은 남성의 슬픔을 다룹니다.

마피아 두목인 아버지 돈 콜리오네의 뒤를 막내 아들 마이클이 잇습니다. 본인은 원치 않았지만 큰형이 죽으면서 패밀리를 위해 부득이하게 선택한 길입니다. 아버지의 죽음과 함께 보스 자리에 오른 마이클은 패밀리를 위해 잔인한 복수를 단행합니다. 심지어 조직을 배신했다는 이유로 둘째 형을 죽이기까지 합니다. 마이클은 오직 가족을 위해 이런 일을 마다하지 않았지만 결과는 참담합니다. 조직을 위해 살인을 저지르고 이탈리아 시골로 피신했을 때 만난 연인은 자기 대신 자동차 폭발로 사망합니다. 그 뒤 결혼한 아내는 마이클을 이해하지 못하고 떠나버립니다. 목숨처럼 사랑했던 딸은 자신을 겨냥한 적의 빗나간 총알에 맞아 숨집니다. 노년의 마이클은 아버지 돈 콜리오네가 그랬던 것처럼 쓸쓸히 죽음을 맞이합니다.

〈대부〉는 마이클이 한 일은 무엇이며 그에게 남은 것은 무엇인 가라는 질문과 함께, 누구도 이해하지 못한 마이클의 '깊은 슬픔'을 보여줍니다. 저는 이 영화를 보고 코끝이 찡했습니다. 일터라는 전장에서 매일 총격전을 벌이지만 그럴수록 가족과 멀어지는 우리 세대 가장의 처지와 오버랩되었기 때문입니다. '돈 버는 기계처럼 살다가 퇴직해서 가정으로 돌아왔지만 아무도 원치 않는 사람이 돼버리는 게 아닐까.' 마치 카프카의 소설《변신》에 나오는 갑충으로 변해버린 주인공처럼 말이죠.

남성과 여성은 부부로 가정을 이루지만 각자의 페이소스를 갖습니다. 페이소스는 의식의 깊은 저변에 깔려 있으면서 행동을 결정합니다. 부부의 서로 다른 페이소스는 서로 다른 행동을 가져오고, 이로 인해 충돌하는 경우가 많습니다. 이는 노년에 부부들이 졸혼을 하거나 한 지붕 밑에서 냉담하게 지내게 되는 원인이기도 합니다. 서로의 페이소스를 이해하면 이 문제도 해결됩니다. 그러나 이해도를 높여갈 수는 있지만 서로의 슬픔을 완벽하게 이해하기란 부부라도 쉽지 않습니다. 사람을 이해하는 데 있어서 손톱만 한 간극은 우주만큼 넓은 차이를 만들어냅니다. 논리적 이해를 통해 해결할 수 있는 차원이 아닙니다.

그렇다면 어떻게 해야 할까요? 궁극적으로는 포용해야 합니다. 이해는 안 되더라도 상대방의 사고와 행동을 포용하는 사랑이 필요합니다. '당신 말이 옳소' 하는 마음 하나면 됩니다. 성경에서도 그 숱하게 복잡하고 까다로운 율법을 모두 완성하는 게 사랑 하나라고 하지 않습니까? 완전한 이해를 추구하는 것보다 불완전한 사랑을 추구하는 게 노후의 행복을 찾을 수 있는 지름길입니다. 남녀의 메울 수 없는 깊은 슬픔을 극복하는 길은 사랑에 있습니다. 사랑은 최상위 덕목이지만 실천하기가 어렵습니다. 우선 '당신 말이 옳소'부터 실천해보면 어떨까요.

아내의 월급통장

요리조리 빼앗기면 남는건 남는건 빈봉투.
어떡하면 집사람을 위로해줄까.

— 최희준, 〈월급봉투〉

1999년 미래에셋으로 자리를 옮겼을 때만 해도 조직 규모가 그리 크지 않았습니다. 몇해 동안 부부 동반으로 송년회를 열었는데 행사의 마지막 순서로 문 앞에서 현금 100만 원을 배우자에게 나누어 주었습니다. 봉투에 담겨 있던 빳빳한 신권이 아직도 기억납니다. 아내도 그때의 기억이 강렬한지 20년이 지난 지금도 심심하면 송년회 안 하냐고 물어봅니다.

비트겐슈타인은 언어를 사용하는 영역과 그렇지 않은 형이상학의 영역을 구분했습니다. 예를 들어 '사랑'이나 '신'은 실천의 영역

116

이지 언어의 영역이 아니라고 보았습니다. 사랑이라는 형이상학적 개념은 언어로 이러쿵저러쿵 해봐야 전달이 안 되니 행동으로 실천하라는 의미이지요.

공감이 갑니다. 저도 예전부터 언어가 세상을 너무 편의적으로 바꾼 게 아닌가 생각해왔습니다. 요즘 연인들은 만나기만 하면 '사랑해'를 연발합니다. 수많은 전문가가 '사랑해'라는 말을 자주 하라고 조언합니다. 그런데 이는 어떻게 보면 그냥 말로 때우는 값싼 표현일 수 있습니다. 저는 부부나 연인들에게 한 달 동안 서로 사랑한다는 말을 하지 말고 지내보라고 합니다. 사랑한다는 말을 하지 말고 서로의 사랑을 표현하라는 거죠.

사랑이라는 언어가 만들어지기 전에 우리의 먼 선조들은 그렇게 살았을 겁니다. 사랑하는 사람에게 다른 이들 몰래 맛있는 고기를 한 점 더 갖다 주고 들판에서 꺾은 예쁜 꽃을 건넸을 겁니다. 부모가 말 못 하는 아이에게 보여주는 행동들이지요. 여성들은 남성들이 말로 때우는 데 쉽게 넘어가면 안 됩니다. 남성들이 그런 언어를 남발하면 아마존 오지의 원주민 언어를 듣는다고 생각하십시오. 그런 의미에서 형이상학의 영역에는 언어가 주제넘게 관여해서는 안 된다고 한 비트겐슈타인의 말이 구구절절 옳습니다.

관계에서도 말보다는 실천이 앞서야 합니다. 실천의 시작은 상대방에 대한 존중이며, 존중은 상대방의 가치를 이해하고 인정하는 데서 출발합니다. 부부 사이에서도 마찬가지입니다. 배우자가 전업주부라면 상대방의 가치를 진정으로 이해하는 게 필요합니다. 사실 전업주부의 가치가 어떤지는 주부가 한 달만 손을 놔버려도 금방 드러납니다. 온 집안이 난민촌처럼 됩니다.

전업주부의 가치를 인정하는 방법은 여럿 있습니다. 고맙다고 말하는 것도 그중 하나겠지만, 배우자가 제일 싫어하는 선물이 '마음의 선물'이라고 합니다. 배우자에게 월급통장을 만들어주면 어떨까요? 월급을 받으면 남편 손도 거치지 않고 모두 아내에게로 가는데 무슨 뚱딴지 같은 소리냐고 할 수 있습니다. 하지만 이것은 공동의 통장이지 아내의 통장이 아닙니다. 여기서 말하는 것은 아내의 이름으로 된 통장에 월급에서 매월 얼마씩 이체되게 만들라는 뜻입니다. 조삼모사(朝三暮四)라고 할 수도 있지만 이런 방법은 여러 가지 효과가 있습니다.

마음의 회계장부를 따로 두는 효과입니다. 아내는 남편의 월급통장에서 자신의 몫으로 돈을 쓰려 해도 선뜻 손이 나가지 않습니다. 옷도 사고 싶고 친정 부모님께 용돈도 드리고 싶지만 공동의 월급통장에 있는 돈은 뽑기가 좀 그렇습니다. 그런데 이를 분리해주면 취미 생활이나 전문성을 키우는 데 사용할 수 있습니다. 물론 남편 몫의 용돈통장을 하나 만들어 어디에 쓰든 간섭하지 않으면 좋겠죠. 부부라도 각자에게 조그마한 사적 영역이 허락되어야 합니다.

배우자에게 고마움을 갖게 됩니다. 아주 옛날에는 사냥한 짐승을 아내에게 턱 하니 던져주는 게 남성의 멋이었고, 선배 세대는 두툼한 월급봉투를 아내에게 주는 그 하루가 폼 잡는 날이었습니다. 하지만 통장에 온라인으로 숫자만 찍히고 이를 또 온라인으로 송금하면서 이렇게 폼을 잡을 기회가 사라져버렸습니다. 아내의 월급통장은 얄팍한 속셈으로 보일 수도 있지만 아마 남편이 아내가 하는 일의 가치를 인정해준다는 데 대한 고마움이 더 크게 느껴질 겁니다.

이 모두는 결국 가정의 편익으로 돌아옵니다. 아내가 이것 때문에 즐거워지면 남편도 좋습니다. 나아가서 세월이 흘러도 아내의 호의는 계속됩니다. 같은 돈을 통장을 다르게 만들어 배분만 다르게 했을 따름인데도 효과를 봅니다.

저도 아내의 월급통장을 만든 적이 있는데 세 달 만에 중단되었습니다. 이런저런 이유로 한두 번 중단되고 그게 그대로 이어졌습니다. 대신 요즘은 틈틈이 현금을 통장에 넣고 있습니다. 시작했다 중단되었지만 그런 시도를 한 것 자체가 아내에게는 신선한 충격이었던지 지금도 가끔 월급통장 이야기를 꺼냅니다.

아내의 월급통장을 따로 만든다고 해서 추가로 돈이 드는 것은 아닙니다. 이는 전업주부의 일을 진정으로 이해하고 인정한다는 표현이자 실천입니다. 사람은 인정을 받으면 자존감이 살아나고 신이 납니다. 조삼모사도 때에 따라서는 지혜가 됩니다. 전업주부인 아내의 월급통장은 남편과 아내 모두를 행복하게 하는 상생의

게임입니다. 중도하차할지라도 일단 시작해보는 것만으로 효과가
있습니다.

쓸모없는 대화의 쓸모

Me too(나도 그래요).

— 영화 〈허〉에서 사만다의 대사

매사추세츠공과대학(MIT) 컴퓨터 공학자 요제프 바이첸바움은 1966년 인간과 대화할 수 있는 최초의 채터봇(chatterbot)을 개발합니다. '엘리자(Eliza)'라는 이름이 붙은 이 프로그램은 심리 치료용으로 쓰였습니다. 그런데 엘리자의 초기 버전은 환자의 말을 질문으로 바꾸는 정도의 극히 단순한 알고리즘이었습니다. 예를 들어 '나는 김경록입니다'라는 메시지를 보내면 '당신이 김경록이군요?'라고 반문하는 식이었죠. '제 친구가 선물을 주었어요'라고 하면 '당신 친구가 선물을 주었다고요?'라는 답이 돌아왔습니다.

엘리자의 알고리즘은 공감하는 시늉만 냈습니다만 일부 환자는 엘리자를 진짜 의사로 믿었고 치료 효과를 보기도 했습니다. 심지어 엘리자가 프로그램에 불과하다는 것을 아는 사람도 마치 사람을 대하듯 행동했습니다. 이는 자신의 말에 반응하는 행위 자체를 인간이 얼마나 중요하게 받아들이는지 보여주는 사례라 하겠습니다.

2013년 개봉한 영화 〈허(Her)〉에서는 초기의 채터봇이 인공지능으로 진화한 모습으로 등장합니다. 그 주인공은 사만다입니다. 영화는 편지를 대필해주는 주인공이 채터봇 사만다를 사랑하게 되면서 벌어지는 인간의 심리 변화를 담고 있습니다.

그런데 엘리자의 단순해 보이는 대화는 연인 사이의 대화와 굉장히 유사합니다. 연인들은 주로 '사랑해' '나도 사랑해' '진짜?' '진짜!' 같은 말을 주고받지 않습니까? 이러한 대화를 교화적(交話的) 기능을 한다고 하는데, 메시지의 접촉에 초점을 맞추는 것이지요. 정보 교환이 아니라 상대방의 메시지를 받았고 내가 이를 빠짐없이 잘 듣고 있다고 표현하는 데 초점이 맞춰져 있습니다. 말의 교환 기능인 셈이죠. 이런 대화는 서로를 사랑하고 서로를 필요로 하는 존재들 사이에서 주로 이루어집니다. 엄마와 아기 사이에도 이런 대화가 주를 이룹니다.

일반적으로 대화는 의미 있는 정보를 교환하는 행위라고 생각하기 쉽습니다. 회의에서 행해지는 대화는 정보를 교환하고 해결책을 찾기 위한 방편입니다. 옛 어른들이 쓸데없는 말 많이 하지 말라고 한 건 정보 교환이라는 실용적인 목적 이외의 대화는 자제하라는 뜻일 겁니다. 하지만 대화는 정보 교환 기능 이외에 대단한 의미를 두지 않고 그냥 말을 주거니 받거니 하는 교화적 기능이 더욱 중요하지 않나 하는 생각도 듭니다. 수다도 그 범주 중 하나입니다.

정신과 전문의 이근후 교수는 저와의 인터뷰에서 남성들도 수다를 떨어야 한다고 했습니다. 아울러 수다는 정신질환 치료뿐 아니라 불면증 치료에도 도움이 되기 때문에 환자들에게 권한다고도 했습니다. 저는 대뜸 이렇게 물었습니다. "여성과 남성은 유전적으로 좀 다른 것 같습니다. 남성들은 수다보다 몰입을 통해 스트레스를 풀지요. 예를 들어 자전거를 분해하고 조립하거나 복잡한 블록을 쌓거나 무얼 만드느라 몰입하는 사람이 많지 않나요?" 이 교수는 남녀에 대한 선입관을 가질 필요가 없다며 남성에게도 수다가 정신 건강에 많은 도움이 되니 한번 해보라고 제안했습니다.

우리나라의 노인 자살률은 OECD 평균의 3배에 이를 정도로 높습니다. 다행히 최근 줄어드는 추세이지만 여전히 OECD 회원국 중 압도적인 1위입니다. 원인은 경제적 빈곤과 건강 문제가 60퍼센트 정도를 차지하지만 한편으로 불화 같은 정서적인 문제도 40퍼센트에 이릅니다. 한국보건사회연구원의 〈2017년 노인실태조사〉에 따르면 별거, 미혼, 이혼 등 배우자가 없는 사람이 자살 생각을 많이 하는 것으로 조사됐습니다. 배우자가 없는 사람이 자살을 생각하는 이유는 교화적 기능의 대화를 할 상대방이 없기 때문 아닐까요? 아무것도 아닌 것 같지만 부부 중 한 명이 "나 오늘 정말 피곤해"라고 말할 때 "에구, 이를 어째!"라고만 반응해줘도 정서적 스트레스는 상당히 해소됩니다. "나 먼저 잔다" "그래 자" 혹은 "갔다 올게" "갔다 와" 하는 대화만으로 생존할 힘을 얻게 됩니다. 반면 집에 돌아왔을 때 아내나 남편이 "오늘 성과 좀 냈어요? 어제보다 영업 실적이 올랐어요?"라고 물어본다면 뒷골이 뻐근해지겠죠.

주변에 교화적 기능의 대화를 할 사람이 얼마나 있나요? 명절을 맞아 열두 시간 넘게 차를 운전해 고향에 내려간 적이 있습니다. 고향에 도착하니 새벽 2시 정도 됐는데 몸은 이미 파김치가 됐습니다. 초인종을 누르자 주무시지 않고 기다리시던 아버지가 문을 열고 "경록이 왔나"라며 맞아주셨습니다. 제가 눈앞에 이미 와 있는데 왔다는 사실을 누가 모르겠습니까? 그럼에도 불구하고 저는 그 말이 좋았습니다. 저를 잘 아는 사람이 제 이름을 불러주는 것만으로도 마음이 따뜻해집니다. 아쉽게도 나이가 들면서 이런 대화를 해주는 사람이 하나씩 사라집니다. 더불어 '경록아' 하고 이름이 불리는 경우도 줄어듭니다.

교화적 기능의 대화를 나눌 수 있는 사람이 옆에 많이 있는 게 좋습니다. 가는 게 있어야 오는 게 있겠죠. 나를 위해서라도 나부터 주변 사람들과 교화적 기능의 대화를 나눠야 하지 않을까요? 요즘 저는 오랜만에 만난 친구들과 자리에 앉으면 무뚝뚝하게 있지 않고 이것저것 물어봅니다. 저로서는 큰 변화인 셈입니다. 이런 행동은 사람들과 더 빨리 가까워지게 만드는 효과가 있습니다.

장자는 무용지용(無用之用)이라는 말을 했습니다. 쓸모없어 보이는 게 오히려 쓸모 있다는 뜻입니다. 원자의 세계에도 원자핵과 전자 사이에 엄청나게 큰 쓸모없는 공간이 있지만 이 공간이 있기에 전자의 움직임이 가능합니다. 광대한 우주 공간이 있기에 지구가 운석에 파괴되지 않고 생명이 보존되었는지도 모릅니다. 쓸모없어 보이는 대화가 더 쓸모 있을 수 있습니다. 곁에 있는 배우자와 함께 쓸모없어 보이는 교화적 기능의 대화를 나누는 게 행복의 출발점입니다.

4대 관계망을 재편하라

세상을, 그리고 닥쳐올 역경, 벽 너머를 바라보고
더 가까이 다가가 서로를 발견하고 느끼는 것.
그것이 인생의 목적이다.

― 영화 〈월터의 상상은 현실이 된다〉에서

우리를 둘러싼 관계망은 부부·자녀·친구·사회관계 4가지 범주로
나눌 수 있습니다. 부부와 자녀로 구성된 가족 관계망은 직계가족
이외에 방계와 친척들을 포함합니다. 그 중심은 부부와 자녀이지
요. 친구 관계는 동창, 선후배, 가까운 이웃 등 이해관계 없이 만나
는 친밀한 관계를 의미합니다. 사회적 관계망은 소속 단체, 각종 모
임 등 목적에 따라 형성됩니다. 와인 모임 등 각종 동호회 모임, 종
교 활동, 비영리단체(NPO) 등이 여기 해당됩니다. 이 4대 관계망을
잘 관리해야 삶이 풍성해집니다.

현실은 어떨까요? 우리나라 은퇴자들의 관계망 현황을 살펴보고 개선점을 알아보겠습니다. 미래에셋은퇴연구소에서 2015년 10월 59~74세 은퇴자 600명을 대상으로 설문조사를 했는데 이 결과를 바탕으로 살펴봅니다.

부부 관계를 보면 은퇴자 부부는 하루 평균 4시간 10분을 함께 보내는데, 절반 이상의 부부가 같이 있는 시간을 줄이고 싶어 했습니다. 다만 남녀로 나눠보면 아내는 같이 있는 시간을 줄이려고 하는 반면 남편은 같이 있는 시간을 늘리려고 했습니다.

배우자와 같이 있을 때 주로 하는 일은 78퍼센트가 TV 시청이었습니다. 배우자와 취미 생활을 공유하는 경우는 4쌍 중 1쌍에 불과했습니다. 함께 즐기는 취미는 산책이나 등산 등 스포츠 활동이 95퍼센트에 달했습니다. 한마디로 같이 TV를 보다가 가끔 배드민턴을 치러 가거나 등산을 간다는 뜻입니다.

앞에서도 말했지만 부부 관계는 '따로 또 같이'를 실천할 필요가 있습니다. 같이 있는 시간을 줄이고 각자의 활동 영역을 넓혀봅시다. 부부 각자의 시간을 확보하면 대화 소재도 많아지고 부부와 개인 생활 간의 균형도 지킬 수 있습니다. 부부 활동도 스포츠 활동 일변도에서 벗어나 문화 활동의 비중을 늘릴 필요가 있습니다.

자녀와의 관계를 보면 요즘은 결혼을 늦게 하다 보니 미혼 자녀와 계속 동거하는 경우도 많았습니다. 조사 결과 42퍼센트가 자녀와 동거하고 이 중 64퍼센트는 미혼 자녀와 같이 살고 있었습니다.

자녀와 동거하지 않는 은퇴자는 평균 주 2회 연락을 주고받으며 월 3회 왕래한다고 하니 생각보다 왕래 빈도가 높은 편입니다. 연 1~2회 왕래한다는 자녀는 3퍼센트에 불과했습니다.

자녀와의 관계는 손주까지 이어집니다. 은퇴자 10명 중 1명은 손주를 주 3회 이상 돌봤습니다. 손주를 돌보는 은퇴자는 3명 중 1명 꼴로 이 때문에 사회 활동 및 인간관계에 지장을 느낀다고 답했습니다. 손주를 돌보는 것은 신중히 결정해야 할 문제입니다.

나이 들수록 자녀 관계도 '자식 중심에서 자신 중심으로' 바꿀 필요가 있습니다. 부모들은 자녀가 결혼하고 나서도 관계의 끈을 놓지 못합니다. 그러다 보니 관계가 손주에게까지 이어집니다. 저는 결혼한 자녀를 둔 친구들을 보면 제발 신경을 끊으라고 말합니다. 자녀가 성인이 되면 삶의 중심에 자신을 놓아야 합니다.

은퇴자가 마음을 터놓는 친구는 몇 명 정도 될까요? 평균 4명입니다. 친구 관계에도 선택과 집중이 적용됩니다. 은퇴자는 친구와 평균 주 2회 연락하고 주 2회 정도 만났습니다. 주 1회 이하 빈도로 연락하는 비율도 절반에 이르고 주 1회 이하로 만나는 비율은 65퍼센트에 이릅니다.

흥미롭게도 친구의 범위는 성별에 따라 확연히 달랐습니다. 남성은 동창, 직장, 고향 등 연고 중심의 친구가 70퍼센트를 차지하고 생활 중심의 친구가 30퍼센트에 불과합니다. 동창이 50퍼센트, 직장 동료 15퍼센트, 고향 친구 9퍼센트입니다. 이웃은 17퍼센트를 차지하고 취미 친구 8퍼센트, 종교를 통해 친구를 만난 경우는 2퍼센트에 불과합니다.

여성의 경우는 정반대입니다. 생활 중심이 70퍼센트이고 연고 중심이 30퍼센트입니다. 생활 중심의 내역을 보면 이웃 44퍼센트, 취미 14퍼센트, 종교 8퍼센트, 자녀 4퍼센트입니다. 연고 중심의 동창은 24퍼센트, 직장 동료 4퍼센트, 고향 친구 2퍼센트로 조사됐습니다. 남성과 여성의 친구 관계는 거울에 비친 듯 반대 모습을 보입니다.

따라서 친구 관계는 남성의 경우 지역 밀착형 관계를 강화할 필요가 있습니다. 나이가 들수록 직장 연고의 친구 관계는 줄어듭니다. 고향 친구들은 자주 만나기 어렵습니다. 여성이 친구를 더 자주 만나는 이유는 가까이 있기 때문입니다. 남성은 친구와 저녁에 만나는 데 반해 여성은 낮에 만납니다. 지역에 있으니 잠깐 만날 수 있는 거지요. 남성도 생활 중심 친구로 관계를 넓힐 필요가 있습니다.

마지막으로, 사회관계 활동은 친목 모임 중심이었습니다. 은퇴자는 1~2개 단체에 월 1~2회 참여했습니다. 사회 활동의 성격을 보면 봉사단체 등 사회에 기여하는 활동이 6퍼센트에 불과한 반면 친목이나 취미 등 개인의 여가활동 모임은 80퍼센트를 차지했습니다. 개인 활동의 내역을 보면 친목단체 60퍼센트, 종교 활동 10퍼센트, 동호회 10퍼센트입니다. 봉사단체와 시민단체 참여는 4퍼센트에 불과합니다. 향후 더 참여하고 싶은 사회 활동 종류도 시민단체와 봉사단체는 6퍼센트에 불과합니다. 따라서 사회 기여 활동을 확대할 필요가 있습니다. 우리나라의 경우, 다른 나라들에 비해 사회 기여 활동에 대한 인식이 부족하다 보니 이런 활동을 하는 사람이 주변에서 눈에 띄지 않습니다. 향후 우리나라에서도 비영리조직의 역할이 증대할 것으로 보이므로 사회관계의 관심을 이 영역으로 확장할 필요가 있습니다.

자신의 관계망 다이어그램을 그려봅시다. 가로세로 축을 교차하게 그려서 비스듬하게 눕히면 다이아몬드 모양이 됩니다. 각각의 칸에 부부, 자녀, 친구, 사회관계를 넣고 5점 척도로 표시해서 선을 이어봅시다. 그 면적이 너무 좁으면 적극적으로 넓히는 노력이 필요합니다.

남편의 삼종사덕(三從四德)

아내의 생일을 절대 까먹지 마라.

— 후스

후스[胡適]를 아시나요? 후스는 중국의 자유주의를 대표하는 지식인으로 열아홉 살 때 미국 코넬대학에서 7년간 유학을 하고 1915년 베이징대학 최연소 교수가 됩니다. 이후 베이징대학 총장과 주미대사를 지내면서 중국 근현대사를 대표하는 사상가로 평가받습니다. 불공평하게도 그는 재주뿐 아니라 인물도 뛰어나서 당시 민국 4대 미남으로 불렸습니다. 후스는 1900년대 초에 이미 자유연애를 주창하며 뭇 여성들의 관심을 한몸에 받았습니다. 반면 후스의 아내 장둥슈는 글자도 읽을 줄 모르는 전족을 한 전통적인 여성이었습니다. 그러나 진사를 8명이나 배출한 명문가의 딸답게 신여성들 틈에서도 당당했습니다.

후일 후스가 주미대사가 되었을 때 후스의 아내가 문제가 됐습니다. 영어는커녕 자기네 나라 글자도 모르는 부인을 미국에 데려간다는 게 말이 안 된다는 반대가 들끓었지만, 후스의 아내는 친정에서 가져간 무쇠솥에서 끓여낸 음식으로 워싱턴 외교가 인사들의 마음을 사로잡습니다.

후스는 1962년 심장발작으로 갑자기 세상을 떠나는데, 살아생전에 우스갯소리로 남편이 아내에게 지켜야 할 삼종사덕(三從四德)을 이야기했습니다. 원래 삼종사덕은 여성이 평생 따라야 할 3가지와 여성이 갖추어야 할 4가지 덕을 말합니다. 삼종은 시집가기 전에는 아버지를 따르고, 결혼해서는 남편을 따르고, 남편이 죽으면 아들을 따라야 한다는 뜻입니다. 사덕은 마음이 정순하고, 말에 예의가 있고, 용모가 단정하고, 살림을 잘해야 한다는 뜻입니다. 후스가 패러디한 남성이 따라야 할 삼종사덕을 보겠습니다.

삼종, 따라야 할 3가지입니다.

　　부인이 외출할 때 수행하라.
　　부인의 명령에 무조건 복종해라.
　　부인이 말 같지 않은 소리를 해도 맹종해라.

남편이 '아량으로 부인을 헤아려 이해해줘야 할' 4가지 덕은 다음과 같습니다.

> 부인이 화장할 때 불평하지 말고 끝날 때까지 기다려라.
> 생일을 절대 까먹지 마라.
> 야단맞을 때 쓸데없이 말대꾸하지 마라.
> 부인이 쓰는 돈을 아까워해서는 안 된다.
>
> ― 김명호, 《중국인 이야기》 중에서

어울릴 것 같지 않으면서도 평생을 같이 살아온 후스와 장둥슈의 모습을 생각하며 후스의 '남편이 지켜야 할 삼종사덕'을 읽으면 슬며시 미소가 떠오릅니다. 당시 기준으로 보면 후스가 속된 말로 약간 잡혀 산 것 같지만 그렇다고 해서 장둥슈가 남편을 우습게 본 것은 아닙니다. 사람들이 말하기를 배가 고플 때는 언제든 후스의 집에 가면 마음껏 배불리 맛있게 먹을 수 있지만 후스 흉을 보았다가는 무슨 봉변을 당할지 모르니 그것만은 조심하라고 했답니다.

강의 중 후스의 삼종사덕을 이야기하면 여성들이 열광적인 반응을 보입니다. 저는 "집에 돌아가면 남편에게 후스같이 잘생기고 머리 좋은 사람도 남성의 삼종사덕을 말했는데 좀 본받으라고 말하십시오"라고 합니다. 그러면 다들 강의장 화면에 띄워둔 관련 내용을 찍느라 여기저기서 핸드폰 카메라 소리가 찰칵찰칵 들립니다. 이러한 분위기로 미루어보건대 남성들이 이를 잘 지키면 부부 사이가 좋아질 게 확실합니다.

다만, 삼종의 첫 번째인 외출할 때 아내를 수행하라는 것은 수정해야 할 듯합니다. 후스는 꼭 아내 장둥슈와 함께 산책을 했다고 합니다만 지금은 시대가 변했습니다. 여성의 활동이 제한되어 있을 때는 남성이 따라가주는 게 좋았지만 요즘같이 활동이 자유로운 때는 간섭하지 않는 게 좋습니다. 우리나라에서 아내가 외출할 때 남성이 지켜야 할 3불(不)은 '어디로 가는지 누구를 만나는지 언제 돌아오는지 묻지 않아야 한다'입니다.

사덕은 오늘날에도 유용합니다. 하지만 사덕의 네 번째는 적극적인 관점으로 수정하는 것도 좋을 것 같습니다. 아내가 쓰는 돈을 아까워하는 정도가 아니라 더 나아가 아내의 월급통장을 만들어주고 알아서 쓰라고 하십시오. 후스가 말한 남편의 삼종사덕은 100세 시대에 더 빛을 발하는 것 같습니다.

눈 오는 날 당신은

‖

사람 인생은 꽃과 같아. 꽃이 마냥 피어 있기만 하면 얼마나 좋겠소.
하지만 나중에는 오그라들어서 시들어.

— 영화 〈님아 그 강을 건너지 마오〉에서

89세 할머니가 세상을 떠난 98세 할아버지를 막 언 땅에 묻고 산
소 앞에서 옷을 태우며 이런저런 얘기를 합니다. 작별 인사를 하고
대여섯 발짝 걸음을 옮기나 싶더니 그만 그 자리에서 울음을 터뜨
립니다. 할머니의 서러움이 자꾸 커져 나갈 때쯤 '님아 그 강을 건
너지 마오'라는 자막이 화면 가득 나타나면서 영화는 끝나고 관객
은 현실로 돌아옵니다.

2014년 개봉한 〈님아 그 강을 건너지 마오〉는 어느 노부부의 마
지막 동행을 기록한 다큐멘터리입니다. 황혼이혼이란 단어가 어색

하지 않은 요즘 '76년을 같이 살아온 노부부의 일상'이라는 보편적이지 않은 소재임에도 불구하고 20~30대 젊은이들이 주관객층이었다고 합니다. 노부부의 순수와 젊은 연인들의 순수가 통했기 때문일까요.

노부부는 하루하루가 신혼 같은, 소년과 소녀 같은 사이입니다. 공짜로 얻어와서 '공순이'라고 이름을 붙인 강아지와 '꼬마'라는 이름의 강아지를 키우는데, 공순이는 새끼를 여섯 마리나 낳지만 꼬마는 어느 날 죽습니다. 꼬마를 묻는 날 할아버지는 처음부터 끝까지 말 한마디 없습니다. 그날부터 할아버지의 건강도 나빠져 결국 돌아오지 못할 강을 건너게 됩니다. 할아버지의 죽음을 예감하고 차근차근 준비를 해온 할머니지만 막상 할아버지가 그 강을 건너자 봇물 터지듯 슬픔을 터트립니다.

배우자는 촌수가 없습니다. 0촌입니다. 그러다 보니 무한히 가깝기도 하고 무한히 멀어져 원수가 되기도 합니다. 그래서 옛사람들은 부부가 피보다 더 진한 전생의 인연으로 맺어졌다고 믿었습니다. 사람이 받는 스트레스를 100가지 정도 꼽아보면 이 중 가장 큰 스트레스가 배우자와의 사별이라고 합니다.

곰곰이 생각해보면 배우자만큼 많은 추억과 경험을 공유하는 사람도 없습니다. 추억이란 자산은 다시 만들 수 없습니다. 나의 좋고 나쁜 것을 모두 보았고 나의 단점을 지금까지 잘 견뎌주고 수용해온 사람이 배우자입니다. 아무리 친한 사람도 배우자에게 보여주었던 그늘의 일부만 보여주더라도 훌쩍 떠나버릴지 모릅니다. 실상 노년의 황혼이혼은 많지 않습니다. 우리나라는 20년 이상 혼인을 유지한 후 이혼한 경우를 통상 황혼이혼이라고 합니다. 그런데 우리나라 황혼이혼 커플의 연령대는 40대와 50대가 70퍼센트를 차지하고 60대 이상은 30퍼센트에 불과합니다. 연령별로도 60세 이상 남성의 이혼율은 1000명당 3.3건으로 40~50대의 절반도 되지 않습니다. 오래된 것은 더 오래 지속될 가능성이 큰 것처럼 오래 이어온 인연은 앞으로 더 이어질 가능성이 높습니다.

우리보다 먼저 고령화 시대를 겪고 있는 일본에서는 은퇴한 남성을 '젖은 낙엽'에 비유하기도 합니다. 우리는 '삼식이'라고 부르죠. 동양권 문화에서는 이런 경향이 특히 심합니다. 소통이 부족하고 가부장적인 행태가 강한 것이 원인일 겁니다. 이 때문인지 한국이나 일본에서는 노후의 부부 관계를 냉소적으로 바라보는 시각이 많습니다.

결혼 생활을 오래한 40~50대 부부는 애들을 키우고 직장에서 생존경쟁을 하다 보니 서로 서운한 것도 많습니다. 서운함이 쌓이면 앙금이 됩니다. 그러다 보니 부부간에 평생 쌓아온 경험과 추억이라는 자산이 홀대 받습니다. 부부는 서로에게 소중한 자산입니다. 소중한 자산을 노후까지 오래 가져가려면 누워서 감 떨어지기를 기다리기만 해서는 안 됩니다. 자산을 지키려는 공감대를 쌓고 행동으로 옮기는 노력이 필요합니다. 영화에 이런 장면이 나옵니다. TV에 곶감이 나오는 걸 보고 할머니가 맛있겠다고 말하자 어느 순간에 할아버지가 방을 나가고 없습니다. 곶감을 구하러 나간 겁니다. 사랑한다는 말 백 마디보다 작은 행동 하나가 배려고 사랑입니다.

저는 눈이 하얗게 오는 날이면 마음이 설렙니다. 연애 시절이 생각납니다. 눈 올 때 가장 설렜고 추운 줄도 몰랐습니다. 안도현 시인은 〈눈 오시는 날〉의 마지막에 "담 너머 과부댁 자지러지네"라고 썼습니다. 눈이 내릴 때면 라디오에서 이탈리아 가수 아다모의 〈눈이 내리네(Tombe la Neige)〉라는 샹송을 틀어줍니다. 그런데 아다모는 눈 내리는 날의 감흥을 이런 설렘과는 다르게 노래했습니다. 하얗게 눈이 내리는 밤에 기다리는 연인은 오지 않고 올 것 같지도 않다고 말이죠. 내 마음은 검은 옷을 입고 하얀 눈물 속에 한 마리 새는 저주하듯 울고 있고 절망이 나에게 외치는데 아직도 태연스레 눈은 내리네. 모든 것은 절망으로 하얀데 그대는 오늘 밤 오지 않겠지. 아다모가 노래하는 눈 내리는 세상은 과부댁을 자지러지게 하기는커녕 '모든 게 절망적인 하얀 세상의 하얀 눈물'일 따름이죠. 쌍쌍이 팔짱을 낀 연인들이 아다모의 샹송을 즐기지만 정작 아다모는 절망에 찬 연인이 보는 하얀 눈물을 노래하고 있다는 걸 알고 있는지 모르겠습니다.

배우자는 소중한 자산입니다. 잘 관리해야 합니다. 〈님아 그 강을 건너지 마오〉의 노부부처럼 눈 오는 날에 눈을 던지는 장난을 칠지 아니면 아다모처럼 모든 게 절망적인 하얀 세상을 만들지는 지금의 선택과 행동에 달려 있습니다. 지금 당장 곶감을 구하러 나 가십시오.

3장

자산

資産

마지막까지
잘 먹고 잘 사는 법

호랑이는 늙으면 이빨과 발톱이 빠지고 종국엔 죽습니다. 이빨과 발톱이 빠지니 먹이를 더 이상 잡을 수 없게 되고 이것이 죽음을 부르는 것이지요. 반면 사람은 늙어서 일할 힘이 없어도 삽니다. 이유가 뭘까요? 돈 덕분입니다. 젊었을 때 저축해두었다가 이 돈으로 노후에 젊은 사람들이 생산하는 재화를 구입합니다. 호랑이는 화폐를 고안하지 못했기 때문에 사냥을 못 하면 죽을 수밖에 없습니다. 이러한 돈을 효율적으로 운용하는 게 자산 관리의 핵심입니다.

자산 관리는 우리 삶에 동전의 이면처럼 붙어 다닙니다. 인생의 생로병사처럼 '저축-축적-인출-상속'이라는 기나긴 과정을 밟습니다. 얼마를 지출하고 저축할지, 주식·부동산·예금 등 어떤 자산 형태로 축적해야 할지 결정해야 합니다. 이 의사결정들에 따라 어떤 사람은 부를 축적하지만 어떤 사람은 원금까지 손실을 보기도 합니다.

축적 이후에는 인출이라는 과정이 남습니다. 적립한 자산에서 조금씩 돈을 꺼내 지출에 충당합니다. 자산을 보험사의 종신연금으로 바꾸어서 인출할지 아니면 투자자산으로 운용하면서 연금처럼 일정액을 인출할지 결정해야 합니다. 또한 자신의 수명, 질병, 예기치 않은 사태 등을 감안해서 매월 꺼내 쓸 돈의 크기를 결정해야 합니다. 많이 꺼내 쓰면 돈이 빨리 바닥날 테고, 그렇다고 구두쇠처럼 쓰면 정작 노후의 삶을 누릴 수 없습니다.

여기서 끝이 아닙니다. 상속 과정이 남아 있습니다. 상속은 돈 많은 사람들의 전유물이 아닙니다. 적은 돈을 두고도 다툼이 일어나며, 다툼이 심해지면 법정까지 갑니다. '죽으면 끝이지 그것까지 고민해야 해'라고 생각할 수 있지만 피상속인은 상속인에게 의사를 명확히 해서 결자해지해야 합니다. 기준 없이 그냥 돈을 던져주고 알아서 나눠 가지라고 하면 만인 대 만인의 투쟁이 일어날 뿐입니다.

자산 관리는 간단하지 않습니다. 많은 의사결정들이 있고 그 의사결정이 삶의 방향을 결정합니다. 좋은 의사결정은 노후를 평안하게 합니다. 그렇다고 너무 심각하게 생각할 필요는 없습니다. 몇 가지 기본적인 원칙만 잘 지키면 낭패 볼 일은 없습니다.

승부처는 마지막 15분

끝날 때까지 끝난게 아니다.

— 요기 베라

2018년 러시아월드컵 때 갑자기 축구 보는 재미가 붙어서 우리나라 대표팀의 예선전은 물론이고 결승전까지 모든 경기를 본 적이 있습니다. 역시 축구는 골 들어가는 게 재미입니다. 경기를 보다 보니 갑자기 궁금증이 생겼습니다. 어느 시간대에 골이 제일 많이 터질까요?

1930년부터 2010년까지 772번의 월드컵 경기를 15분 단위로 나누어서 분석한 연구가 《과학동아》에 게재되었습니다. 총 2208 골이 터졌는데 931골이 전반에, 1175골이 후반에, 그리고 연장전에 102골이 터졌습니다. 전반에 비해 후반전에 244골, 즉 11퍼센트가 더 많이 들어갔습니다. 골이 가장 많이 들어간 시간대는 후반 '마지막 15분'이었습니다. 무려 433골이 터졌는데, 연장전 골을 제외할 경우 전후반 골의 21퍼센트가 후반전 마지막 15분에 들어갔다는 뜻입니다. 반면에 전반 15분은 300골로 전후반 골의 14퍼센트에 불과했습니다.

이런 경향은 2006년 월드컵 이후 더욱 심해졌습니다. 2014년 브라질월드컵에서는 총 171골 중 마지막 15분에 들어간 골이 43골로 전체의 25퍼센트를 차지했습니다. 2010년 남아공월드컵에서는 25퍼센트, 2006년 독일월드컵에서는 무려 31퍼센트에 이릅니다. 남아공월드컵에서는 전반 15분 동안 들어간 골이 14골로 후반 30분 이후에 들어간 35골과 많은 차이가 있습니다.

후반 30분 이후에 골이 많이 들어간 이유는 무엇일까요? 체력 차이가 중요 요인이라고 합니다. 체력이 있을 때는 열심히 뛰어다니며 부족한 실력을 활동량으로 메꾸지만 후반전에는 이렇게 뛸 수 없습니다. 체력이 떨어지면 실력이 드러나고 실수를 하기 마련입니다. 후반의 골이 무서운 이유는 후반전이 끝날 때쯤 먹은 골은 만회하기 힘들기 때문입니다. 러시아월드컵 결승전에서도 두 골 앞선 프랑스가 마지막 15분 동안 수비에 주력하니 상대편이 골을 넣기 힘들었습니다.

인생도 후반이 중요합니다. 인생 후반에는 소득을 창출하는 힘이 떨어집니다. 반면에 모아둔 재산을 위협하는 일이 상대적으로 많이 발생하는데 뜻하지 않은 사건이 터지면 이를 만회하기 어렵습니다. 전반을 성공적으로 살았다고 해서 마음 놓을 수 없는 게 인생입니다.

50대에 대기업의 임원까지 역임해 노후는 보장되었다고 생각한 분이 있었습니다. 그런데 퇴직 후 큰 규모로 음식점을 열었다가 실패하고 자녀 유학 비용에 많은 돈을 지출하다 보니 70대가 되기도 전에 돈이 바닥나버렸습니다. 이제는 예전처럼 일을 해서 경제 상황을 회복시킬 수도 없습니다. 후반 44분에 골을 먹어버린, 돌이킬 수 없는 인생반전입니다.

소설 같은 기사를 본 적이 있습니다. 엉망이 된 자동차가 버려져 있길래 차 주인을 찾아보니 허름한 사글세 방에 사는 노인이었습니다. 차 하나 끌고 집을 나와서 아파트 경비나 일용직 일을 하다가 몸이 안 좋아 돈도 못 벌고 있었습니다. 왜 집을 나왔나 봤더니, 교장으로 퇴직한 뒤 잘 살았는데 사기를 당하는 바람에 아내와 관계가 틀어지고 볼 면목도 없고 해서 가출을 했다는 것입니다. 금융 사기 한 번이 노후의 삶을 다른 길로 빠지게 한 셈입니다.

인생 후반에는 예상치 않게 골을 먹을 일이 많습니다. 그중에서도 빈번히 일어나고 재산 손실도 크기 때문에 조심해야 할 5가지 리스크가 있습니다. 성인 자녀, 금융 사기, 은퇴 창업, 중대 질병, 황혼이혼입니다. 이른바 '인생 후반 5대 리스크'입니다.

성인 자녀 리스크는 다 큰 자녀가 독립하지 않고 부모의 집에서 생활비를 축내거나 과중한 결혼비용 때문에 노후 자금이 나가는 경우입니다. 이런 성인 자녀들을 일본에서는 패러사이트 싱글(기생 싱글), 영국에서는 KIPPERS(부모의 은퇴자금을 갉아먹은 아이), 호주는 캥거루족, 캐나다는 부메랑 키즈(성인이 되어 다시 부모집으로 들어오는 아이), 독일은 집에 눌러앉아 있는 사람을 뜻하는 네스트호커(Nesthocker)라고 합니다. 자녀 리스크는 전 세계적 현상인가 봅니다.

금융 사기도 의외로 많이 당합니다. 금융 사기는 금전적 손실뿐 아니라 속았다는 자괴감에 스스로를 힐책하게 되거나 이로 인해 가족 관계까지 나빠질 수 있습니다. 요즘은 피싱, 스매싱, 파밍 등 이름도 생소한 인터넷 신종 사기에 당하는 경우도 빈번합니다. SNS 등을 통해 개인 정보를 파악해서 접근하니 기관들도 금융 사기를 심심치 않게 당합니다. 이런 판에 개인들은 사기에 더욱 취약할 수밖에 없습니다. 마치 거래 상대방인 듯 연락해서 가짜 송금 계좌번호를 알려주고 입금을 유도하거나 진짜와 똑같이 만든 가짜 홈페이지로 접속할 것을 유도해 사기를 칩니다. 온라인이나 전화로 이루어지는 거래는 조심해야 합니다.

제2의 인생으로 창업을 선택할 경우 충분한 준비와 전문성을 갖추지 않았으면 시작하지 말아야 합니다. 성급한 마음에 소자본으로 잘 모르는 분야에 뛰어들기보다는 긴 호흡으로 자신이 잘하는 것, 하고 싶었던 일을 배우고 익히려는 자세가 필요합니다.

또한 노후와 질병은 한 쌍입니다. 그래서 나이가 들면 밥보다 약을 많이 먹는다는 말을 합니다. 중대한 질병으로 입을 재산상 손실에 대비해야 합니다. 황혼이혼은 큰 금전적 손실과 인간관계의 단절을 가져오고 심한 경우 고독사로 이어지기도 합니다.

미래에셋은퇴연구소에서 위의 5가지 리스크의 발생 빈도를 추정해보았습니다. 의외로 높았습니다. 성인 자녀 55퍼센트, 금융사기 6퍼센트, 은퇴 창업 19퍼센트, 중대 질병 24퍼센트, 황혼이혼 3퍼센트였습니다. 발생했을 경우의 자산 손실과 생활비 감소 정도는 황혼이혼이 가장 큰 것으로 나타났습니다. 재산분할로 인해 재산과 소득이 반으로 줄어들기 때문입니다.

후반 5분을 남기고 먹는 골은 난감할 따름입니다. 경제적 체력이 소진되는 인생 후반에는 5대 리스크를 잘 관리해야 합니다. 잃지 않는 것이 버는 것이라는 말도 있지 않습니까! 5가지 리스크에 얼마나 노출되어 있는지, 이들이 노후를 얼마나 위협하고 있는지 체크해보시기 바랍니다.

89세 어머니의 주식 거래

노인들에게 이런 자질들이 없다면
우리 선조들은 최고 회의체를 원로원이라 부르지 않았겠지.

— 키케로

제 어머니는 구순을 바라보시는데도 주식 투자를 직접 하셨습니다. 그런데 얼마 전 가지고 있던 주식을 모두 파셨습니다. 유상증자를 한다는데 따라가야 하느냐 유무상 증자를 감안할 때 지금 주가면 도대체 돈을 번 건지 모르겠다고 간혹 물으셨는데 가진 주식을 모두 매도하셨다니, 낌새도 채지 못했습니다. 매도 가격을 보니 근래 2년 동안 최고가였습니다. 이후 가족들이 모일 때면 이렇게 번 돈으로 자식들과 며느리들에게 용돈을 주기도 하셨으니 수익이 꽤 쏠쏠하셨나 봅니다.

아버지도 퇴직 후 소소하게 주식 투자를 하셨습니다. 1999~2000년 한창 주가가 오를 때였습니다. 새롬기술이라는 회사가 있었는데 인터넷 접속만 되면 다이얼패드 서비스를 통해 무료로 전화할 수 있게 해주는 서비스를 선보였습니다. 오픈한 지 채 두 달도 되지 않아 가입자 수 100만 명을 넘어서는 등 사람들의 반응은 뜨거웠습니다. 당연히 시장의 반응도 폭발적이었지요. 매일같이 경제신문의 1면을 장식하고 증권사 애널리스트들은 다들 입 모아 적극 매수를 부르짖었습니다. 1999년 8월 1890원의 공모가로 코스닥 시장에 상장한 새롬기술은 1999년 10월 4일부터 52거래일 동안 50배 상승하고, 기업을 공개한 지 6개월 만에 공모가 대비 130배 폭등했습니다.

그러나 이후 새롬기술은 지속적으로 하락하며 기업공개한 지 1년 만인 2000년 말 고점 대비 98.6퍼센트 폭락합니다. 수많은 개인투자자가 투자의 광풍에 휘말려 2000년 초 고점에 매수했다가 폭락의 아픔을 고스란히 감내해내야 했습니다. 아버지가 바로 그 전설적인 매수자였습니다. 이후 주식 투자에서는 손을 놓으셨지만 주식 투자 이야기가 나올 때마다 새롬기술 투자자라는 오명을 되새김질 하셔야 했습니다. 아버지는 시사 주간지 〈타임〉을 평생 구독하시고 일본 책을 끼고 사실 정도의 지식인이셨지만, 새롬기술 말고도 주식 투자 성과는 전설적으로 좋지 않았습니다.

곧 구순을 바라보는 장인어른도 소액으로 주식 투자를 하십니다. 몇 년 전만 해도 노트에 이것저것 기록하고 객장에 앉아 있다 오시곤 했습니다. 하지만 안타깝게도 수익률은 별로 좋지 않아 장모님이 자금줄을 차단하기도 했습니다. 주식뿐만 아닙니다. 장모님이 사놓은 노른자 땅을 빨리 팔라고 재촉하는 바람에 부를 이룰 기회를 놓치기도 했습니다. 육군사관학교를 나오셨고 소싯적에는 야바위 장기꾼에게 다시 오지 말라는 경고까지 들었을 정도로 '촉'이 좋으셨는데 재테크에는 영 소질이 없으십니다.

장황하게 집안 어른들 이야기를 한 이유는 주식을 비롯한 노후의 투자를 어떻게 봐야 할지 되돌아보기 위해서입니다. 대부분 노후에는 주식 투자를 해서는 안 된다고 합니다. 나이 들어서까지 탐욕을 부린다고 핀잔 받기 일쑤입니다. 제 아버님과 장인어른의 사례를 보면 틀린 말도 아닌 듯 합니다. 주변에서도 주식 투자 때문에 스트레스를 받거나 노후의 생활비를 날려버리는 경우를 왕왕 목격합니다. 하지만 한도를 엄격하게 통제한다면 장점도 있습니다.

투자를 하면 세상에 계속 관심을 갖게 됩니다. 호기심의 끈을 놓지 않는 거죠. 다른 투자자를 만날 때마다 끊임없이 물어보고 그게 이어져 대화가 됩니다.

제 모임에 70대 지인이 계신데 인도 주식을 가지고 있어서 인도 경제와 그 앞날에 대해 물어보십니다. 브라질 국채를 사신 분은 브라질 경제와 헤알화 환율의 관계를 물어보시죠. 브릭스 펀드에 투자한 투자자라면 남미 경제에 문제가 생겼다는 뉴스가 나오면 브라질에 어떤 영향을 줄지, 브라질 대통령이 바뀌었는데 어떤 정책을 펼지 관심을 가지게 됩니다. 주식은 세상을 반영하기에 다양한 대화 소재가 됩니다. 투자금액이 많고 적음에 관계없이 자산가격이 변동한다는 것 자체가 사람을 깨어 있게 만들고 세상과 소통하게 합니다.

투자를 하려면 머리를 써야 합니다. 주주가 되면 이벤트가 있을 때마다 두툼한 설명서가 날아옵니다. 숫자가 빼곡한 설명서들을 읽으려면 머리를 안 쓸 수 없습니다. 수익률 계산만 하더라도 만만치 않은 작업입니다. 이런 일들은 생각하는 데 도움이 됩니다. 나이가 들면 머리가 정치(精緻)한 곳으로 깊이 들어가는 순간 귀찮아지는 자신을 발견하게 됩니다. 젊었을 때는 아랑곳하지 않고 사고가 깊이 진행되지만 노후에는 빽빽한 브레이크가 걸리는 것이지요. '브라질에 비가 내리면 스타벅스 주식에 어떤 영향을 미칠까?' 이런 고민을 하다 보면 사고의 고리가 꼬리에 꼬리를 물고 이어져 머리가 녹슬 틈이 없습니다.

돈을 벌 수도 있습니다. 이럴 경우 뜻밖의 보너스라 생각하고 배우자에게 선물을 줄 수도 있고 여행을 떠날 수도 있습니다. 노후가 재미없는 것은 많은 길이 예측 가능하기 때문입니다. 속된 말로 빤하다는 거죠. 일어나서 밥 먹고, 밖에 나가 사람 만나고, TV 보고, 명절 때 자식 만나고 등등입니다. 젊었을 때 예측하지 못한 일들이 수없이 일어나는 것과 비교됩니다. 예측하지 못한 소득이나 사건은 삶에 활력소가 됩니다.

단, 절대 많은 돈을 투자하면 안 됩니다. 자신의 자산과 예산의 일정 비율 이내로 통제해야 합니다. 큰돈을 벌겠다고 덤벼서는 안 됩니다. 노후에 투자로 팔자를 바꾸어보겠다고 생각하는 것은 위험천만한 일입니다. 주가가 하락해도 '이 정도야 좀 기다릴 수 있지' 하면서 그냥 잊어먹고 있을 정도여야 합니다.

서양 사람들은 모여서 포커를 치고 중국 사람이나 일본 사람들은 마작을 합니다. 머리를 쓸 뿐 아니라 사람과 관계를 맺게 해주기 때문입니다. 노후의 투자도 그런 정도로 접근해야 합니다. 투자를 하면 다른 사람과 자연스레 관계가 맺어집니다. 수수료를 좀 주더라도 사람을 통해 주식 거래를 하면 투자 회사의 젊은 직원들과 이야기를 나눌 기회가 생깁니다.

시니어 투자클럽도 해봄 직합니다. 젊은 사람만 투자클럽을 만들어야 한다는 법은 없습니다. 다만 클럽의 회칙에 탐욕은 줄이고 통제된 예산으로 한다는 규정을 명확히 못 박아두는 게 좋을 듯합니다. 그러면 투자를 매개로 다양한 세상에 연결될 수 있을 겁니다.

본질가치를 지켜라

항상 자기 값어치는 자신이 챙겨야 하는 법이네.

— 소설 《고리오 영감》에서

노년의 대우는 극과 극입니다. 누구는 죽을 때까지 존경을 받는 반면 푸대접과 멸시를 받는 사람도 있습니다. 근엄함과 인자함이 표현된 노년의 초상화도 있지만 아이들에게조차 놀림 받는 노인이 등장하는 그림도 있습니다. 노년에 자신의 가치를 가진 사람과 그렇지 못한 사람과의 차이일 겁니다. 나이 들어도 가치를 유지하려면 어떻게 해야 할까요?

프랑스 소설가 오노레 드 발자크의 《고리오 영감》은 딸에 대한 아버지의 지극한 사랑을 그 시대의 사회상과 함께 그린 소설입니다. 그래서 셰익스피어의 〈리어왕〉을 1820년대 파리로 옮겨왔다는 평을 듣습니다. 사업가로 성공한 고리오 영감은 딸들을 뒷바라지 하는 데 전념합니다. 자신이 번 돈을 허영심에 빠진 두 딸이 사교 계와 파티에 쓰는 데 모두 대주죠. 고리오 영감은 소원대로 두 딸 을 귀족과 결혼시켜 상류사회에 진출시킵니다. 정작 본인은 사업 을 접고 하숙집에 들어가 살게 되는데 딸들은 아버지가 집에 찾아 오지도 못하게 합니다. 고리오 영감은 마지막 남은 돈마저 딸의 드 레스 비용으로 쓰고 세상을 떠나지만 그때도 딸들은 그의 곁에 없 었습니다. 세상을 떠나면서 고리오 영감은 말합니다. "항상 자기 값어치는 자신이 챙겨야 하는 법이네."

이런 면에서 조선 태종의 이야기는 귀담아들을 만합니다. 태종 은 한창이던 52세 때 갑자기 22세이던 세종에게 왕위를 양위하고 상왕으로 물러납니다. 다만 세종이 서른 살이 될 때까지는 군사에 관한 일은 직접 챙기겠다고 신하들에게 공언합니다. 그런데 태종 이 왕이 되는데 크게 기여한 병조참판 강상인이 군사에 관한 일을 태종을 제쳐놓고 세종에게 보고합니다. 큰일 날 일이죠. 세종은 깜 짝 놀라 이 사실을 아버지인 태종에게 바로 고합니다. 이에 태종은 크게 화를 내고 강상인을 하옥합니다. 세종에게 왕위를 물려준 지 불과 보름 만에 일어난 일이었습니다. 이후 태종은 골치 아픈 정사 를 돌볼 필요 없이 사냥을 즐기면서 권한을 누리다가 56세의 나이 에 세상을 떠납니다.

노후에 자신의 가치를 지키려면 노년의 가치가 무엇인지 알아야 합니다. 금융 상품에 붙는 옵션의 관점에서 보면 일반적으로 자산의 가치는 본질가치와 시간가치의 합이라고 할 수 있습니다. 그런데 노년에는 시간가치는 거의 없어지고 본질가치만 남게 됩니다. 먼저 옵션 관점에서의 가치를 알아보겠습니다.

금융 상품에는 옵션이란 것이 있습니다. 콜옵션을 사면 좋은 상황이 오면 옵션을 행사해서 돈을 벌고 나쁜 상황이 오면 그냥 매수한 돈만큼 손실을 보면 됩니다. 예를 들어 1개월 만기 주가지수 콜옵션을 행사가격 120에 샀다고 가정합시다. 현재 주가지수는 110입니다. 만일 콜옵션 만기 전에 주가지수가 130이 되었다면 옵션을 행사할 경우 10(=130-120)을 벌게 됩니다. 그런데 만기까지 주가지수가 120을 넘지 못하고 80으로 급락했다면 그냥 행사하지 않으면 됩니다. 주가가 아무리 급락해도 처음에 주고 샀던 옵션가격만 손실 보면 됩니다.

그래서 옵션의 가치는 현재 가격과 행사가격의 차이인 본질가치와 옵션 만기까지 혹시 주가가 오를지 모를 시간가치로 결정됩니다. 본질가치는 현재 행사해도 바로 확실한 이득이나 손실을 얻을 수 있는 것으로, 만들어져 있는(made) 가치라고 보면 됩니다. 반면 시간가치는 시간에 따라 달라집니다. 시간이 많이 남아 있을수록 주가가 오를 가능성이 커지니 옵션의 시간가치는 높아집니다. 옵션 만기가 가까워질수록 시간가치는 작아집니다. 본질가치는 양과 음의 값을 가질 수 있으나 시간가치는 항상 0과 같거나 큽니다.

아홉 살 어린애와 70살 부자 노인을 비교해보겠습니다. 아홉 살 어린아이는 모아둔 재산이 없기 때문에 본질가치가 거의 없다고 보면 됩니다. 하지만 앞으로 어떤 사람이 될지 모르고 성공 여부를 판단하기까지 긴 시간 여유가 있으니 시간가치는 큽니다. 대통령이 될지 재벌이 될지 누가 알겠습니까? 예부터 '마당에 뛰노는 어린애 무시하지 마라'라고 얘기하는 이유가 여기 있습니다. 그래서 어린애는 낮은 본질가치와 높은 시간가치를 지닙니다.

반면에 자산가인 70살 노인이라면 모아둔 재산이 상당할 겁니다. 본질가치가 큰 거죠. 하지만 크게 성공할 가능성이 없기에 변동성이 크지 않은 데다가 남은 시간도 상대적으로 적어서 시간가치는 별로 없습니다. 한마디로 사업으로 크게 성공해서 자산이 왕창 늘어날 가능성이 거의 없다는 뜻입니다. 그래서 노년은 본질가치는 높은 반면에 시간가치가 낮습니다(이는 주로 재무적 측면에서 분석한 것이며, 비재무적 측면에서의 가치는 높을 수 있습니다). 그래서 본질가치마저 없으면 '뒷방 늙은이'라는 소리를 듣게 됩니다.

노년에 본질가치를 높이기는 쉽지 않습니다. 오히려 본질가치가 의외의 사건으로 손실이 날 가능성이 높습니다. 본질가치를 훼손하는 경우는 자산 운용에서 크게 손실을 보거나 금융 사기를 당하거나 혹은 사업을 했다 쫄딱 망하는 일 등을 들 수 있습니다. 이런 요인들은 잘 알려져 있으니 다들 어느 정도 대비가 되어 있을 겁니다.

오히려 잘 알려져 있지 않거나 위험하지 않은 것 같은데 문제가 될 리스크를 조심해야 합니다. 바로 '자식과의 관계'입니다.

결혼 자금이나 사업 자금으로 성인이 된 자녀에게 가진 돈의 상당 부분을 듬뿍 쓰는 경우가 있습니다. 고리오 영감처럼요. 일찌감치 재산을 나누어주고 자신의 노후를 자녀에게 덜컥 맡기는 리어 왕처럼 간 큰 사람도 있지요. 기초연금을 받으려고 재산을 자식 명의로 돌렸다가 정말로 기초연금만 받고 생활하게 된 사례도 있습니다. 이는 자신이 가지고 있던 본질가치를 단번에 날려버리는 어리석은 선택입니다. 이렇게 본질가치를 잃어버리면 시간가치가 없는 노년은 회복하기 어렵습니다.

재산을 꼭 움켜쥔 채 본질가치를 유지하려는 모습을 돈만 안다거나 돈과 자식을 저울질하는 비인간적인 행위라고 비난해서는 안 됩니다. 이는 주체성이라는 관점에서 보아야 합니다. 자신이 가진 본질가치를 그냥 줘버리는 것은 자신의 인생을 다른 사람에게 맡기면서 주체성을 버리는 것입니다. 주체성을 버리고 남에게 의존하려는 사람은 경시받게 마련입니다. 그래서 노년의 본질가치는 꼭 자기가 가지고 있어야 합니다.

본질가치를 보존하는 것은 자신의 주체성을 지키는 길입니다. 고리오 영감이 삶의 마지막 순간에 말했듯이 자기 값어치는 자신이 챙겨야 합니다.

내가 남느냐 돈이 남느냐

죽느냐 사느냐 그것이 문제로다.

— 〈햄릿〉에서

실존철학의 아버지라 불리는 덴마크 철학자 쇠렌 키르케고르는 1834년 《이것이냐 저것이냐》를 출간합니다. 심미안적인 삶 혹은 쾌락의 삶이냐 아니면 윤리적인 삶이냐를 물어보는 것입니다. 키르케고르는 이것도 저것도 아닌 신 앞에서 자신을 세우는 종교적 삶을 추구했습니다.

인생의 전환점을 맞으면 우리도 '돈이 남느냐 내가 남느냐'를 고민해야 합니다. 내가 죽고 나서 돈이 남아 있으면 살아 있을 때 충분히 쓰지 못한 셈이 되니 좋은 선택이 아닙니다. 반대로 내가 살아 있는데 돈이 먼저 소진되면 노후 파산이라는 최악의 결과를 맞아야 합니다. 이것도 저것도 아닌 제3의 길이 있습니다. 돈의 수명과 나의 수명을 일치시키는 겁니다. 그런데 사람마다 수명이 들쭉날쭉 불확실하니 이 둘을 맞추기란 생각보다 쉽지 않습니다.

돈의 수명과 나의 수명을 일치시키는 가장 좋은 수단은 물가에 연동되는 종신연금입니다. 매년 증가하는 연금을 죽을 때까지 수령하므로 두 수명이 정확히 일치됩니다. 게다가 물가 상승에 연동되어 지급액이 변동되므로 구매력이 유지되는 장점이 있습니다. 공무원연금, 국민연금 같은 공적연금이 이 조건을 충족합니다. 공적연금을 충분히 수령하는 경우에는 돈이 남을지 내가 남을지 고민할 필요가 없습니다. 하지만 대부분의 경우 공적연금만으로 노후 지출을 충당하기는 어렵습니다. 그렇다고 해서 하늘만 바라보고 있을 수는 없습니다. 이를 보완하는 방법이 있습니다.

첫째, 국민연금을 수령하지 못하는 배우자가 임의가입이나 추후납입을 통해 부부 모두 국민연금을 수령하는 방법입니다. 임의가입은 국민연금 의무 가입 대상자가 아닌 배우자가 국민연금에 가입해 노령연금을 받는 제도입니다. 월 30만 원을 받더라도 물가에 연동되기 때문에 20년 후면 44만 6000원(물가 매년 2퍼센트 상승 가정)을 받게 됩니다. 추후납입은 경력 단절로 국민연금을 납입하지 못한 사람이 공백 기간의 보험료를 추후 납부하여 납입 기간을 길게 하는 제도입니다. 이를 통해 부부가 국민연금을 함께 수령하는 연금 맞벌이를 한다면 종신연금 수령액을 늘릴 수 있습니다.

둘째, 국민연금 수령 시기를 연기함으로써 수령액을 늘릴 수 있습니다. 국민연금은 수령 시기를 1년 미룰 때마다 7.2퍼센트씩 연금액수가 많아지니 최대 5년을 미루면 36퍼센트를 더 받습니다. 60세부터 국민연금 월 100만 원을 받을 수 있는 사람이 수급 시기를 65세로 5년 늦춘다면 월 165만 원을 받게 됩니다(매년 연금 가입자들의 임금 상승률 4퍼센트 가정). 오래 살수록 이 차이는 커집니다. 이와 관련, 일찍 사망하면 손해 보는 것 아니냐는 의견이 있습니다. 수령 시기를 60세에서 65세로 연기한 경우 대략 75세 이상 살면 이득이 되니 그렇게 불리한 것만은 아닙니다.

셋째, 이것도 부족하면 민간 보험사가 제공하는 종신연금에 가입합니다. 즉시연금 1억 원에 가입해 60세부터 종신연금을 수령할 경우 2019년 기준으로 월 40만 원 정도를 받습니다. 다만 공적연금처럼 물가에 연동되어 매년 지급액이 증가하지 않고 액수가 거의 고정되어 있습니다. 그런데 종신연금도 수령 시기를 늦추면 받는 금액이 많아집니다.

마지막으로 주택연금을 받는 방법이 있습니다. 주택연금은 주택을 맡기고 주택금융공사로부터 연금을 종신토록 받는 제도인데, 연금 수령 연령에 따라 연금액이 달라집니다. 3억 원 가치의 주택을 가진 60세 사람이 2019년 주택연금에 가입하면 월 60만 원을 받습니다. 70세에 가입하면 90만 원으로 많아지며, 80세에 가입하면 연금액이 월 145만 원으로 껑충 뜁니다. 60세에 주택연금을 받아서 100세까지 살면 총 2억 9000만 원을 받고 80세에 받아서 100세까지 살면 3억 5000만 원을 받게 됩니다.

친구 6명이 80세에 모여서 각자 5000만 원을 내고 게임을 한다고 가정해 봅시다. 3억 원의 기금이 조성되는데 이를 정기예금에 넣어두고 매년 잔액의 10퍼센트를 각각에게 나누어줍니다. 한 사람이 사망하면 남은 사람이 총지급금의 5분의 1을 갖게 되고 2명이 사망하면 4분의 1을 갖습니다(금리는 편의상 '0'으로 가정하겠습니다). 첫 해에 아무도 안 죽으면 3억 원의 10퍼센트인 3000만 원을 6명이 나눠 갖습니다. 1명당 500만 원입니다. 둘째 해에 1명이 사망하면 2억 7000만 원의 10퍼센트인 2700만 원이 지급되는데 이를 5로 나누면 각각 540만 원을 갖습니다. 사망한 사람의 몫을 나머지가 가져간 거죠. 60세에 이 게임을 시작했다면 초기에는 사망자가 거의 없으니 각자에게 배분되는 몫에 큰 변화가 없지만 80세를 넘어가면 사망자가 많아지니 받는 금액도 그만큼 커집니다. 이런 상품을 톤틴(tontine)이라고 합니다.

톤틴은 연금(annuity)과 제비뽑기(lottery)를 합친 구조입니다. 17세기에 고안되어 18~19세기에 성행했지만 상대방의 죽음을 기뻐해야 하는 구조라서 요즘은 처음의 구조로 설계된 상품이 거의 없습니다. 다만 종신연금은 기본적으로 톤틴의 구조를 깔고 있습니다. 그래서 수령 시기를 늦출 경우 그 효과가 크게 나타납니다. 물론 빨리 사망할 경우 손실이 큽니다만 돈의 손실은 사망과 함께 나타나므로 상속액은 줄지라도 본인의 생전(生前) 지출에는 직접적인 타격이 없습니다.

공적연금 수령액이 적은 우리나라는 종신연금으로 노후 지출을 충당하기 어렵습니다. 그렇다고 내버려둘 게 아니라 장수 리스크에 대응하기 위한 차선책을 마련해야 합니다. 최소한의 생활비를 내 수명과 일치시키는 거죠. 이 정도는 현재의 연금 제도를 잘 활용하면 가능합니다.

국민연금의 연기 수령, 임의가입, 추후납입제도를 활용하고 종신연금이나 주택연금의 수령 시기를 적절하게 늦추면 수명이 길어져도 연금으로 생활비를 충당할 수 있습니다. 내가 남느냐 돈이 남느냐 하는 고민에 대한 해결책, 즉 나의 수명과 돈의 수명을 일치시키는 방법은 기존 연금제도를 잘 활용하는 데 있습니다.

축구 감독처럼 생각한다

축구를 혼자 한다는 사람이 있다면
그건 내 인생에 대한 모독이다.
― 지네딘 지단

'자산 배분 같은 거 나는 모른다'고 하지만 누구나 자산 배분을 하고 있습니다. 자산을 모두 현금으로 들고 있는 사람은 현금자산 100퍼센트로, 부동산만 보유한 사람은 부동산 100퍼센트의 자산 배분을 하는 셈입니다. 주식, 부동산, 채권을 3분의 1씩 보유하는 것도 고전적인 자산 배분법입니다.

이처럼 누구나 자산 배분을 하지만 이를 어떻게 '잘'하느냐에 따라 자산 증식의 성패가 달라집니다. 많은 연구자들이 검증한 결과에 따르면 자산 증식은 주식 종목, 펀드, 수익형 부동산 한두 개

잘 골랐다고 이루어지지 않습니다. 그러나 우리는 오래 못 기다리고 조바심이 많다 보니 주식 종목 하나 잘 사서 노후 팔자를 고쳐 보려 합니다. 안타깝게도 세상은 절대 이렇게 움직이지 않습니다. 저는 투자 회사에 일하면서 한 방을 노리다가 성공한 극소수와 실패한 수많은 사람을 보았습니다. 자산 증식은 80~90퍼센트가 자산 배분을 잘한 결과물입니다. 달리 말하면 주식, 채권, 부동산 등에 어떤 비중으로 자산을 배분했느냐가 성과에 압도적인 영향을 줍니다.

우리나라 가계의 자산 배분은 집중되어 있는 편입니다. 부동산이 보유 자산의 대부분을 차지하고 금융자산은 예금이 주를 이룹니다. 65세 이상은 전체 자산의 80퍼센트가량이 부동산에 몰려있습니다. 향후 저금리·저성장이라는 경제 여건에 바람직하지 않은 배분입니다.

투자는 몇 개 주식 종목에 투자해서 단기간에 많은 수익을 노리거나 한두 개 펀드를 잘 고르면 된다고 생각합니다. 부동산도 거금을 들여 수익형 부동산 하나 잘 사두면 평생 노후 보장이 된다고 믿습니다. 이러한 방식으로 한두 번 좋은 수익을 얻을 수는 있지만 이게 평생 저주가 되기도 합니다. 마치 노름꾼처럼 '대박의 기억' 때문에 밋밋해 보이는 투자를 할 수 없어져 투자에 계속 실패하더라도 한 방만을 노립니다. 자산 관리는 금융 시장을 상대로 꾸준히 수익을 얻어야 합니다. 자산 관리는 두꺼운 나무를 자르는 것과 같습니다. 절대로 단칼에 베어지지 않습니다. 톱으로 켜듯 꾸준해야 합니다. 자산 관리도 대박이라는 칼 대신 자산 배분이라는 톱이 필요합니다.

톱질은 어떻게 해야 할까요? 자산 배분을 구체적으로 설명하기는 지면이 부족하니 여기서는 그 개념을 살펴볼까 합니다. 자산 배분의 원리는 축구와 유사합니다. 바르셀로나팀 선수인 메시가 축구를 잘한다고 모두 이런 선수로 팀을 구성하면 절대 이길 수 없습니다. 수비는 누가 하고 골은 누가 막습니까? 공격, 미드필드, 수비를 적절히 섞어서 배치하고 미드필드도 공격형과 수비형을 섞어 배치해야 합니다. 세부적으로는 왼발과 오른발 기술, 신장, 주력에 따라서 다르게 배치해야 합니다.

이는 전쟁을 수행하는 것과 마찬가지입니다. 작은 싸움에서는 덩치로 싸우면 됩니다. 그런데 국가간 전쟁을 할 때는 양상이 전혀 다릅니다. 보병만으로는 싸울 수 없습니다. 포병, 전차부대, 공군, 해군, 해병대, 공병대가 모두 있어야 합니다. 장기도 보병(졸), 말(마), 코끼리(상), 포병(포), 전차(차), 경비대(사)가 유기적으로 움직입니다. 장기 초보는 주로 차만 사용하지만 고수는 모든 말을 기능에 따라 유기적으로 활용합니다. 자산 배분 역시 이러해야 합니다. 다양한 자산을 유기적으로 활용해야 합니다.

축구와 자산 관리를 비교해보겠습니다. 축구에서 공격수는 자산 배분에 비유하면 주식과 같습니다. 공격수가 골을 잘 넣어야 하듯이 주식은 수익을 얻기 위한 자산입니다. 주식을 보유하면서 안전한 자산이기를 바라면 안 됩니다. 수비수는 채권 자산에 해당합니다. 든든해야 할 최종 수비수는 국채로 보면 됩니다. 미드필드는 부동산자산에 해당합니다. 부동산은 채권의 속성과 주식의 속성을 다 가졌기 때문이죠. 하이일드(high yield) 채권도 미드필드에 넣을 수 있습니다. 묘하게도 자산군의 특성과 축구에서 포지션의 특성은 비슷합니다.

자산 배분은 축구 감독이 되어서 자신의 성향이나 금융 시장의 상황에 따라 자산이라는 선수를 적절하게 배치하는 것과 같습니다. 감독의 성향에 따라 수비, 미드필드, 공격을 4:3:3으로 둘 수도 있고 3:5:2로 둘 수도 있습니다. 바둑도 공격 바둑과 수비 바둑이 있듯이 자산 배분도 공격적이거나 덜 공격적일 수 있습니다. 금융 시장의 상황이 좋을 것 같으면 공격 자산에 더 많이 배분해서 게임을 해도 됩니다. 마치 축구에서 상대방이 약할 때 맘껏 공략하는 작전처럼요.

현재 우리나라 가계의 자산 배분에서 꼭 개선되어야 할 점이 있습니다. 아파트 위주의 부동산자산 비중을 낮추고 금융자산 비중을 늘려야 합니다. 초저금리 시대에는 예금성 자산만으로 생존할 수 없으므로 투자자산의 비중을 높여야 합니다. 그리고 해외 자산 비중이 전체 자산의 절반은 되어야 합니다. 우리나라가 앞으로 장기 저성장 시대로 접어들면 자산가치가 오르지 않아 가계 자산의 증식이 어려울 수 있습니다. 인도, 베트남, 중국처럼 성장하는 국가와 바이오, 인공지능, 클라우드 등 숱한 혁신기업이 있는 세계 시장으로 가야 합니다. 해외로 자산 배분을 하는 것은 선택이 아니라 필수입니다. 당장 1~2년은 수익이 특별히 높다는 생각이 들지 않을 수도 있지만 10년 이상 세월이 지나면 그 차이를 확연하게 느끼게 될 것입니다.

100세 시대에는 한두 번 투자를 잘하는 게 아니라 지속적으로 꾸준한 수익을 내는 것이 중요합니다. 100세 시대의 자산 관리는 자산 배분을 잘하는 사람이 승자가 될 것입니다. 축구 감독처럼 다양한 자산들을 갖다 놓고 배치해보십시오. 이게 부담되면 금융기관의 자산 배분 펀드에 가입하는 것도 방법입니다.

투자를 보는
3가지 프레임

투자는 지능과 통찰력, 기법의 문제가 아니라
원칙과 태도의 문제다.

— 벤저민 그레이엄

금은 안전자산일까요 위험자산일까요? 눈을 감고 곰곰이 생각해
보십시오. 답은 상황에 따라 다릅니다. 금을 장롱 속에 넣어두고
난리가 났을 때 사용하려는 사람에게는 안전자산이지만, 금 시장
에서 사고팔면서 돈을 벌어보려는 사람에게는 위험자산입니다. 이
처럼 금은 고유한 위험이 있는 게 아니라 어떤 프레임(틀)으로 보
느냐에 따라 안전자산이 되기도 하고 위험자산이 되기도 합니다.
'위험의 상대성 이론'이라고나 할까요?

자산 관리를 할 때는 운용할 자산을 어떤 프레임으로 보느냐가

중요합니다. 축구에 비유하자면 지속적으로 높은 승률을 유지하기 위한 경기 방식에 관한 몇 가지 원칙이라 보면 됩니다. 그중 다음 3가지 프레임은 꼭 유념할 필요가 있습니다.

장기 프레임을 가져야 합니다. 주식은 투자 기간에 따라 수익이 마술을 부립니다. 단적으로 말해, 주식은 단기적으로 투자하면 운이 좋을 때 가끔 돈을 벌고 대부분 잃는데, 장기적으로 투자하면 운에 관계없이 꾸준히 돈을 벌 가능성이 높습니다. 마치 한 해에 개인이 사고 당할 확률은 예측하기 어렵지만 우리나라 전체의 자동차 사망자 숫자가 일정한 것과 마찬가지 마법입니다. 주식 투자를 운의 영역이 아닌 지속적인 수익의 영역으로 끌어올리려면 장기 투자를 해야 합니다.

실제로 2000년부터 지금까지 우리나라 주식시장을 보면, 1년 기준으로 볼 때는 80퍼센트 오른 해도 있고 50퍼센트 떨어진 해도 있습니다. 그런데 투자 기간을 10년 단위로 보면 원금 손실을 본 적이 없습니다. 분석 기간이 너무 짧을 수도 있으니, 미국 주식 수익률을 살펴보죠. 1950년부터 지금까지 마이너스 수익률을 보인 해를 찾아보면, 1년 투자 기간으로는 18번인데 반해(수익률이 -40퍼센트에 육박한 해도 있다), 10년 투자 기간으로 보면 5번(수익률이 -5퍼센트 미만이다)입니다. 투자 기간을 좀 더 늘려 20년 단위로 보면 마이너스 수익률을 보인 때가 한 번도 없었습니다. 20년 동안 투자했을 때의 연평균 수익률을 보면 적게는 2퍼센트 정도에서 높게는

12퍼센트에 육박할 때도 있습니다.

도박으로 먹고살아야 하는 프로 도박사는 단기간에 운으로 큰 돈을 버는 승부가 아니라 꾸준하게 돈을 벌 수 있는 게임을 합니다. 아주 확실한 패가 아닌 경우에는 올인하지 않습니다. 영화에서 보듯이 직감만 믿고 판돈을 다 거는 경우는 거의 없습니다. 자산 관리도 장기 투자를 택해야 합니다. 단기간에 승부를 보려는 발상은 성공 가능성이 적은 운에 나를 맡기는 거나 마찬가지입니다.

나이 들수록 소득 프레임을 가져야 합니다. 표면금리가 2퍼센트인 10년 만기 장기국채는 6개월마다 원금의 1퍼센트에 해당하는 이자 소득을 10년 동안 주기 때문에 만기까지 가지고 있으면 시장에 무슨 일이 일어나든지 이자는 받을 수 있습니다. 하지만 금리가 1퍼센트 오르면 가격이 8.5퍼센트 정도 하락하므로 가격 변동이 큰 편입니다. 이런 국채는 꾸준하게 만기까지 이자를 얻으려는 소득 프레임을 가진 사람에게는 안전한 자산이지만 가격 변화로 수익을 얻으려는 사람에게는 꽤 위험한 자산입니다.

사회간접자본 관련 인프라 펀드나 리츠(REITs)는 매년 일정한 배당금을 지급하지만, 주식시장이나 펀드 수급 상황에 따라 펀드 가격이 오르내립니다. 리츠의 경우 2008년 글로벌 금융위기 때처럼 부동산 가격이 크게 떨어지면 가격 하락폭이 커집니다. 배당은 유지되어도 리츠 가격은 하락해버립니다. 변동성이 주식보다 클 때도 있습니다. 리츠는 배당금 지급이라는 소득 프레임에서는 안전하지만 자산가격 프레임에서는 위험한 자산입니다.

노후에 이런 펀드를 사두고 월급 받듯이 배당금을 받겠다는 소득 프레임으로 접근하면, 은퇴자들이 반길 만한 자산입니다. 반면, 가격 프레임을 갖고 있는 은퇴자라면 가격 변동에 대한 두려움 때문에 이러한 투자자산보다 정기예금이 매력적입니다.

노후에 배당주를 사서 일정한 배당소득을 받는 사람들이 있습니다. 배당주도 주식인 만큼 가격 변동이 큽니다. 다만 배당주는 주가가 떨어지면 배당수익률이 올라가므로 배당투자자들은 이런 때를 주식을 살 기회로 봅니다. 소득 프레임으로 배당주를 보기 때문에 가능한 투자입니다.

개인의 자산 배분은 생애설계 프레임을 가져야 합니다. 우리가 금융에서 배우는 자산 배분은 금융자산과 부동산자산을 대상으로 합니다. 그런데 개인 자산 관리는 여기에 '나'라는 '사람'이 포함되어야 합니다. 나도 자산이기 때문이죠. 우리는 일해서 소득을 얻는데 이는 금융자산의 이자나 배당과 유사합니다. 공무원은 월급과 연금이 안정적이기 때문에 거의 국채나 마찬가지인 자산입니다. '나'라는 인적자산은 소득흐름이 퇴직하면 크게 떨어지고 어느 시점에 가면 소득흐름이 완전히 끊기게 됩니다.

따라서 '나'의 특성에 따라 자산 배분을 달리해야 합니다. 공무원이나 교사는 소득흐름이 안정적이기 때문에 금융자산은 위험자산을 보유하는 게 좋습니다. 젊은 사람 역시 앞으로 돈을 벌 가능성이 크므로 금융자산은 위험자산 비중이 높은 게 좋습니다. 트럭 운전사는 미래에 자율주행차가 일자리를 빼앗을지도 모르니 자율 주행차 기업의 주식을 가지면 좋겠죠. 이처럼 '나'와 금융자산의 적절한 조화가 필요합니다. 나라는 인적자원의 특성, 나의 퇴직 예상 시점, 사망 예상 시기 등에 따라 금융자산의 구성이 달라져야 합니다.

우리나라 투자자들은 안전자산을 상대적으로 좋아합니다. 이는 자산 관리를 단기 프레임과 가격 프레임으로 보기 때문입니다. 자산 관리를 '장기 프레임, 소득 프레임, 생애설계 프레임'으로 보면 투자자산이 자산 관리의 중심이 됩니다. 이런 프레임에 기반해 자산 관리를 하면 시간이 갈수록 수익이 굳건해지는 힘이 발휘됩니다. 깜깜한 곳에서 적외선 안경을 쓰면 세상이 다르게 보이듯이, 자산 관리의 프레임을 바꾸면 주변에 있는 자산들이 다른 의미로 다가옵니다. 올바른 관점을 가져야 좋은 자산을 선택할 수 있습니다. 이것이 올바른 자산 관리의 출발점입니다.

국민연금은 죽지 않는다

너 자산(資産)을 알라.

── 함장(咸章)

노후 자산 목록을 살펴보면 대개 주택이 70퍼센트 이상이고 나머지는 금융자산입니다. 여기에 놓친 게 있는데 바로 국민연금입니다. 국민연금은 매월 어느 정도의 고정액을 받다 보니 그 자산가치를 평가하지 않든가 혹은 과소평가하는 경향이 있습니다. 자산 목록에 넣지도 않습니다. 하지만 자신의 국민연금 가치를 정확하게 알아야 자산 관리를 잘할 수 있습니다.

　국민연금의 자산가치를 구하기 위해서는 매월 받는 소득흐름을 현재 가치로 환산해야 합니다. 간단하게 계산해보죠. 2017년 현재 국민연금에 20년 이상 가입한 사람이 받는 연금액은 평균 월 88만 원입니다. 국민연금은 물가에 연동되어 매년 수령액이 달라지므로 미래 수령액을 알려면 향후 물가를 예상해야 합니다. 여기서는 물가가 매년 2.5퍼센트 상승한다고 가정해봅시다. 언제까지 연금을 받을지는 사망 시점에 따라 달라지는데 편의상 95세로 가정합니다. 현금흐름이 정해졌으므로 이제 할인율을 3퍼센트로 해서 60세의 현재 가치를 계산해보면 3억 5000만 원이 됩니다.

가정을 너무 단순화해서 계산한 것 같다면 민간 종신연금을 활용해서 비교해보겠습니다. 1억 원을 넣으면 2017년 현재 60세 기준 종신연금을 대략 38만 원 정도 받습니다. 88만 원은 38만 원의 2.3배이니 88만 원을 받으려면 2억 3000만 원이 있어야 합니다. 그런데 민간 종신연금은 연금액이 물가에 연동하여 증액되지 않는 데 반해 국민연금은 물가에 연동되므로 그 가치를 감안해야 합니다. 대략 1.5배의 가치가 있습니다. 2억 3000만 원에 1.5를 곱하면 3억 5000만 원 정도로 첫 번째 계산과 비슷하게 나옵니다.

이것이 의미하는 바는 다음과 같습니다.

국민 연금 20년 가입의 가치는 3억 5000만 원의 국가 보증 자산을 보유한 것과 같습니다. 단순하게 말하면 국채 자산이라고 할 수 있습니다. 다만 국채는 고정된 이자를 받고 만기에 원금을 상환받는데, 여기서는 물가에 연동되는 이자와 원금을 받고 만기에는 상환받을 금액이 '0'이 됩니다. 일반적인 국채와는 다르죠. 현금흐름에 본인과 배우자의 연령별 사망 확률이 포함되어야 하지만 대략 국채라 보아도 크게 지장 없습니다.

자산가치로 평가할 때 국민연금이 가계 자산에서 차지하는 비중은 의외로 큽니다. 우리나라 60대 가구의 자산 현황을 보면, 전체 5분위 중 중간에 위치한 3분위의 경우 총자산이 2억 6000만 원입니다. 이 중 2억 원이 부동산이고 6000만 원이 금융자산이라고 보면 됩니다. 소득이 한 단계 높은 4분위는 총자산이 4억 6000만 원에 이릅니다. 여기에 국민연금 자산을 더하면 3분위 가구의 총자산은 6억 1000만 원이 됩니다. 국민연금이 자산에서 차지하는 비중은 57퍼센트입니다. 마찬가지로 4분위 가구는 총자산이 8억 1000만 원이 되고 국민연금 자산의 비중은 43퍼센트입니다.

국민연금을 자산 항목에 넣으면 가계의 자산 배분이 달라집니다. 예를 들어, 60대 가계 자산에 국민연금 자산을 포함하면 3분위 가구는 국민연금 57퍼센트, 부동산 33퍼센트, 금융자산 10퍼센트가 됩니다. 자산 구성이 안전자산 위주로 변하는 것을 알 수 있습니다. 여기에 주택까지 주택연금으로 전환하면 국채 신용도에 해당하는 안전자산 비중이 90퍼센트에 이릅니다.

이 수치는 정확하게 계산한 것은 아니지만 전체 윤곽은 파악할 수 있게 해줍니다. 국민연금이 1988년에 도입되다 보니 수령자 중 70세 이상에 해당되는 사람이 많지 않고 수령액도 24만 원 수준에 불과합니다. 하지만 60대에 들어서는 베이비부머들은 직장 생활을 시작할 때부터 대부분 국민연금에 가입했으므로, 향후 가계 자산 구성을 파악하려면 국민연금의 자산가치를 감안해야 합니다.

국민연금과 비슷한 것으로 주택연금이 있습니다. 주택을 담보로 맡기고 주택연금을 받으면 주택을 국채로 바꾼 것과 마찬가지 효과가 나타납니다. 주택은 가격이 하락할 위험이 있는 위험자산이지만 국채는 주택보다 안전한 자산입니다. 주택연금을 통해서도 우리는 가계 자산 구성을 변화시키고 자산 배분 비율을 바꿀 수 있습니다.

많은 베이비부머들이 현금은 부족하지만 주택은 가지고 있습니다. 그런데 주택은 큰 덩치를 나눌 수 없는 단점이 있습니다. 돈이 1억 원 있으면 1원까지 나누어 쓸 수 있지만, 3억 원짜리 집이 있다고 해서 필요할 때 벽돌을 몇 개 떼어내 팔 수 없습니다. 그렇다고 집을 담보로 돈을 빌려 쓴다든가, 현금을 마련하려고 집을 팔고 전세로 들어가면 노후가 불안해집니다. 이러한 문제를 해결하고자 나온 제도가 주택연금입니다.

주택연금은 정부기관인 한국주택금융공사와 계약하는 것이어서 정부가 연금을 주는 것이나 다름없습니다. 주택연금 계약을 하면 살고 있는 집에 계속 거주하면서 종신토록 연금을 받을 수 있는데, 집값이 어떻게 변하든 관계없이 처음 받기로 한 연금을 평생 받습니다. 70세 때 3억 원짜리 집을 2019년에 가입하면 월 90만 원(89만 5000원)을 평생 받습니다. 집값이 절반으로 떨어져도 월 90만 원을 받습니다(그래서 집값이 많이 떨어질 것 같은 지역일 경우 주택연금에 가입해두면 좋습니다).

이는 마치 매달 90만 원을 종신토록 받는 국채를 보유하는 것과 같은 효과가 있습니다. 위의 예에서 보면 3억 원짜리 원 주택을 매달 90만 원씩 죽을 때까지 주는 국채와 바꾸는 것이라고 할 수 있습니다. 주택 가격이 많이 오를 경우 사망 시 주택의 자산가치와 자신이 죽을 때까지 받은 연금에 이자를 더한 채무를 계산해서 자산가치가 더 크면 그 차액이 상속인에게 상속됩니다. 이런 옵션이 있으니 '국채+α'를 보유하는 것이라 볼 수 있습니다.

가계 자산에 국민연금 같은 공적연금의 자산가치를 더하고, 거기에다 주택으로 주택연금을 받으면 그만한 가치의 국채를 갖는 셈이 됩니다. 이럴 경우 안전자산 비중이 높아지므로 다른 금융자산까지 안전자산으로 두면 자산 효율성이 떨어집니다. 가계 자산 관리는 공적연금의 자산가치를 감안해 사고해야 합니다.

연금은 갬블이 아니다

단기적인 문제들이 장기적인 고려 사항을 압도하는 것이
인간의 본성이다.

— 데이비드 스웬슨

국민연금은 법에 따라 수령 시기를 1년 미룰 때마다 7.2퍼센트씩 연금 액수가 증가하도록 설계되어 있습니다. 최대 5년을 미룰 경우 36퍼센트(여기에 가입자의 평균 임금 상승률이 더해집니다)를 더 받을 수 있다고 얘기하면 항상 따라오는 질문이 있습니다.

"몇 살까지 살면 본전을 뽑나요?" 그러고 나서 사람들의 의사결정은 "5년 있다 더 받는 것도 좋지만 일찍 죽으면 손해잖아. 일단 먼저 받고 볼래요"로 귀결됩니다. 이 질문과 선택이 과연 옳을까요? 여기에 답하기 위해서는 연금을 바라보는 프레임에서 출발해야 합니다.

　연금을 보는 프레임은 '투자 프레임'과 '소비 프레임'으로 나눌 수 있습니다. '투자 프레임'은 연금을 수익성 관점에서 봅니다. 연금의 총투자수익은 자신의 수명에 달려 있습니다. 연금에 가입하고 오래 살면 투자 수익이 높아지지만, 가입한 후 곧바로 사망하면 투자 수익은 고사하고 원금마저 까먹게 됩니다. 일찍 사망한 사람들이 늦게 사망하는 사람들에게 보조금을 주는 꼴이 되지요. 이처럼 연금을 투자 프레임으로 보는 사람은 수명 예측이 의사결정의 근거가 되는데, 대부분은 빨리 사망할까 봐 연금에 가입하는 것을 주저합니다. 이런 분들은 연금에 가입하는 걸 자신의 수명을 두고 내기하는 것으로 봅니다.

　반면에 '소비 프레임'은 연금을 생애지출을 극대화할 수 있는가라는 관점에서 평가합니다. 이들에게 사망 후에 받는 돈은 효용이 없습니다. 일반적으로 연금에 가입하면 다양한 만기의 채권을 구입하여 지출을 충당하는 경우보다 더 많은 소비를 할 수 있습니다. 채권으로 지출흐름을 만들 경우 사망 시점과 돈이 소진되는 시점을 맞추기 어렵습니다. 그러다 보니 사망 전에 돈을 소진하면 안 되므로 보수적으로 지출을 줄여 대부분 사망할 때 돈이 남게 됩니다. 남아 있는 돈만큼 생전에 소비하지 못한 것입니다. 소비 프레임을 가진 사람은 연금을 더 많이 선택합니다.

　프레임이 연금을 선택하는 데 영향을 주는지 실험을 해보았습니다(Brown, Kling 등(2008)의 연구). 두 그룹으로 나누어 한 그룹에는 '이 연금을 구입하면 월 70만 원을 소비할 수 있다(소비 프레임)' 고 하고, 다른 그룹에는 '이 연금을 구입하면 월 70만 원의 수익을 얻을 수 있다(투자 프레임)'고 했습니다. 그 결과, 투자 프레임을 제시 받은 사람들이 연금을 덜 구입했습니다. 70만 원을 소비할 수 있다고 생각하면 일찍 죽더라도 자신의 생전 소비에 문제가 없을 것이라고 본 반면, 70만 원의 수익을 얻을 수 있다면 일찍 죽을 경우 원금 대비 수익에 문제가 있다고 판단했기 때문입니다. 연금 가입을 자신의 수명을 두고 내기하는 것이라고 생각한 것이지요.

연금을 어떤 프레임으로 보는 게 맞을까요? 저는 소비 프레임으로 봐야 한다고 생각합니다. 그러나 연금은 장수 리스크를 줄여 생전에 지출을 극대화하는 상품인데도 불구하고 부지불식간에 자신의 수명을 두고 행해지는 도박으로 오인되고 있습니다. 연금은 '위험 감소 전략'에 따라 선택해야 합니다. 장수 리스크와 구매력 리스크를 없애주기 때문이죠.

이제 실제 문제로 돌아가 국민연금 수령을 연기하는 것이 이득일지 손해일지 알아보겠습니다. 60세부터 국민연금을 매달 140만 원씩 받을 수 있는 사람이 수급 시기를 65세로 5년 늦추었다고 해보죠. 매년 가입자의 평균 임금 상승률이 2퍼센트라고 하면 수령 연기로 매년 7.2퍼센트 증가하는 것까지 감안하면 5년 뒤에는 월 210만 원을 받게 됩니다. 사망할 때까지 210만 원에서 매년 물가 상승률만큼 월 연금이 증가합니다. 물론 이 사람은 60~64세에 받을 연금 8742만 원은 받지 못합니다.

65세부터 더 받는 금액이 8742만 원을 넘는 나이가 궁금하실 겁니다. 손익분기점이 되는 나이는 80세입니다. 80세 이상부터는 5년을 연기한 사람이 이득을 봅니다. 이후 10년을 더 산다면 1억 원을, 20년을 더 산다면 2억 3000만 원을 더 받게 됩니다. 85세 정도의 기대수명을 감안하면 연금을 연기하는 대가로 추가로 받는 연금이 적지 않습니다. 여기서는 보수적으로 가입자 평균 임금 상승률을 2퍼센트로 가정했습니다. 가정하는 바에 따라서 손익분기점을 넘어서는 연령은 대략 75~80세 사이가 됩니다.

연금 감액 제도를 감안하면 연금 연기 수령의 이익은 더 커집니다. 근로소득이나 사업소득이 있으면 국민연금 지급액을 감액하는데, 소득에 따라 최대 절반까지 줄어듭니다. 국민연금을 수령하는 사람의 월평균 소득이 국민연금 전체 가입자의 최근 3년 소득 평균을 넘으면 초과한 금액에 따라 감액합니다. 2018년 현재 기준 금액은 227만 원입니다. 월 300만 원을 번다면 3만 6500원(=73만 원×5퍼센트)을 감액하고 400만 원을 번다면 12만 3000원(=5만 원+73만 원×10퍼센트)을 감액합니다. 감액 기간이 5년이니, 국민연금을 수령할 시기에 소득이 많은 사람은 연금 수령을 연기하면 그만큼 이득이 되겠죠.

연금은 소비 프레임으로 보아야 합니다. 수령 시기를 연기해서 좀 더 나이 든 뒤 더 많은 돈을 받는 것이 현명한 길입니다. 현금자산이 있다면, 지금 국민연금을 받고 미래에 현금자산을 지출하는 것보다 지금 현금자산으로 지출을 충당하고 국민연금 수령 시기를 늦추어 이후 죽을 때까지 더 많은 연금을 받는 게 합리적인 전략입니다. 이를 '금융자산 전진 배치, 연금자산 후진 배치'라고 요약할 수 있습니다. 언제까지 오래 살지 불확실성이 클 때 유용한 방법입니다.

미래와 관련된 생애설계를 할 때는 근시안적인 편견에 기반을 둔 프레임을 극복하는 게 중요합니다. 연금은 자신의 수명을 두고 수익성을 계산하는 도박이 아니라 노후의 위험을 줄여주는 안전망입니다.

연금 관리를 망치는
5가지 습관

넣어 두고 잊어라(Don't Look).

— 대니얼 카너먼

노후 소득에서 퇴직연금과 개인연금 같은 사적연금의 중요성이 부쩍 커지고 있습니다. 공적연금은 납입 금액과 납입 기간으로 노후 수령 금액이 결정되지만, 사적연금은 이 외에도 자산 운용 성과와 축적된 자금을 관리하는 방식이 영향을 미칩니다. 일찍부터 좋은 연금 관리 습관을 가져야 하는 이유입니다. 여기서는 사적연금 관리를 망치는 나쁜 습관 5가지를 추려서 반면교사로 삼아볼까 합니다.

나쁜 습관 1. 연금을 중간에 찾는다. 연금을 생활 자금으로 생각하다 보니 교육비가 필요하거나 자동차를 살 때처럼 목돈이 필요한 경우 중간에 찾아 쓰게 됩니다. 연금은 목적 자금이 아니라 노후 자금입니다. 생활에 지출되는 돈과 분리해서 다른 주머니로 생각해야 하므로 특별한 사유가 없는 한 주택 구입 등의 이유로 중도해지하면 안 됩니다. 설혹 그렇게 해서 수익을 얻는다 하더라도 이는 올바른 길이 아닙니다.

돈은 복리 효과를 통해 증식되는데 중간에 찾으면 복리 효과가 사라집니다. 저는 1994년 개인연금이 도입되었을 때 매월 10만 원씩 지금까지 25년 동안 3000만 원의 원금을 납입했는데 현재 적립금은 7100만 원이 되어 있습니다. 중도해약하지 않고 장기 적립하니 복리 효과를 톡톡히 누렸습니다. 연금의 중도해약은 금단의 사과처럼 생각해야 합니다.

나쁜 습관 2. 단기 자산으로 운용한다. 단기 자산은 예금이나 ELS(주식연계증권) 등을 말하는데, 퇴직연금(DC형)의 경우 원리금 보장형 상품 비중이 80퍼센트로 압도적으로 높습니다. 연금은 적립하는데 30년, 이를 인출하는데 또 30~40년이 소요되는 초장기 펀드이므로 거기에 편입되는 것도 주식, 채권, 대체투자 같은 장기 자산입니다. 장기 자산은 유동성이 낮은 대신에 수익률을 더 주며, 장기로 운용하면 위험이 줄어들어 수익이 그만큼 높아집니다. 초장기 펀드에 단기 자산을 편입하면 기회손실이 너무 커집니다.

나쁜 습관 3. 주로 국내 자산만 가지고 있다. 어느 나라 사람이

나 자기 나라 자산을 많이 갖는 자국 편향적(home bias) 자산 배분 특징을 보입니다. 우리나라는 이 정도가 너무 지나칩니다. OECD 국가들은 사적연금에서 해외 자산 비중이 15~45퍼센트에 이르는 데 반해 우리나라는 채 1퍼센트가 되지 않습니다. 연금은 장기적으로 노후를 준비하는 자산이므로 그 안정성을 장기적 시야로 보아야 합니다. 장기적인 시각에서는 모든 게 불확실하기 때문에 분산해야 합니다.

우리나라는 제조업이 경제의 성장동력인 국가입니다. 이런 나라는 대개 장기 저성장의 위기를 겪습니다. 일본, 대만, 이탈리아를 보면 20~30년 동안 주가가 오르지 않고 박스권에서 등락만 거듭했습니다. 다른 제조 선진국들 역시 장기 저성장은 아닐지라도 심각한 경기 침체를 겪었습니다. 영국은 1976년에 IMF 구제금융을 받았고, 미국은 1929년 대공황을 겪었고 1980년대 쌍둥이 적자로 경제 2등 국가로 전락하기도 했습니다. 머지않아 초고령 사회로 진입할 것으로 예상되는 우리나라는 경제의 불확실성이 그만큼 큽니다. 99퍼센트에 이르는 국내 자산 투자 비중을 줄이고 해외 자산 투자 비중을 늘려야 합니다. 국민연금도 포트폴리오를 해외 자산으로 분산하고 있습니다. 사적연금도 국내 자산만 보유하는 습관을 바꾸어야 합니다.

나쁜 습관 4. 연금의 초기부터 만기까지 자산 배분 비중을 동일하게 가져간다. 20대와 50대의 자산 배분은 달라야 합니다. 젊었을 때는 위험자산의 비중을 높였다가 은퇴 시점이 다가올수록 줄이는 것이 맞습니다. 여기에는 2가지 이유가 있습니다. 우선 젊었을 때는 안정적인 근로소득이 있으므로 위험을 감수하더라도 수익을 추구하는 것이 좋습니다. 하지만 나이 들어 근로소득이 곧 줄어들 상황이라면 안정적인 수익을 추구해야 합니다. 또한 연금에 가입한 초기에는 적립금이 적으므로 수익률이 하락해도 손실 금액이 적은 반면에 후기에는 적립금이 많이 쌓여 있어서 수익률이 하락하면 손실 금액이 아주 커집니다. 연금 만기 직전에 주가가 30퍼센트 하락했다고 생각해보세요. 장기로 적립하는 연금에서 남은 기간에 따라 위험자산 비중을 다르게 가져가야 하는 이유입니다.

나쁜 습관 5. 연금을 일시금으로 찾는다. 연금은 끝까지 주의를 기울여야 합니다. 장거리 운전을 할 때는 집에 다 와서 긴장이 풀어졌을 때 사고가 잘 난다고 합니다. 연금도 마찬가지입니다. 연금 납입을 끝내고 찾아서 쓸 때 사고 치면 안 됩니다.

연금화하지 않고 일시금으로 찾을 경우, 이 돈이 노후 소득으로 연결되지 않고 다른 데 지출될 가능성이 큽니다. 자녀의 결혼 비용 등 당장 눈앞에 보이는 지출에 충당하기 쉽습니다. 축적된 연금자산은 연금화해서 받는 것이 좋습니다. 오이디푸스가 사이렌의 노랫소리를 들으면서도 미치지 않으려고 자신을 돛대에 묶은 것처럼, 꼭 필요한 노후 소득은 자신도 쉽게 찾을 수 없게 연금으로 묶어둬야 합니다. 우리나라의 55세 이상 퇴직자 중 93퍼센트가 퇴직

연금을 일시금으로 수령한다고 하는데, 이는 반드시 고칠 필요가 있는 행동입니다.

'중도인출, 단기운용, 국내자산 편중, 고정된 자산배분 비율, 만기 일시금 인출' 5가지 행동을 예방하는 방법은 무엇일까요? 단기운용, 국내자산 편중, 고정된 자산 배분 비율은 TDF(Target Date Fund) 펀드 하나로 해결 가능합니다. 자동 운용해주는 상품이죠. 하지만 중도인출과 만기 시 일시금 인출은 스스로 제어해야 합니다.

행동을 반복하면 습관이 되고 습관이 바뀌면 운명이 바뀐다고 합니다. 5가지 올바른 연금 관리 습관으로 평안한 미래를 맞이하시기 바랍니다.

자녀에게 물려줄
최고의 선물

║

밈(meme)은 문화가 전파되는 최소단위로
복제를 통해 뇌에서 뇌로 옮겨다닌다.

— 리처드 도킨스

얼마 전 20대 중반의 아들에게 투자통장을 선물했습니다. 중학교 때부터 어린이 펀드를 갖고 있었지만 계좌에 자산이 불어나는 것이 보이지 않아 정작 본인은 별 관심이 없었습니다. 그런데 투자통장을 만들어주고 주식계좌를 열어 모바일에서 잔액을 볼 수 있게 바꾸었더니 투자를 대하는 태도가 완전히 달라졌습니다.

아들은 보유 펀드의 절반을 팔고 아마존과 애플, 중국의 항서제약 주식을 샀습니다. 아마존은 주당 가격이 180만 원이 넘으니 한 주 사기도 힘들다고 투덜대더군요. 아마존과 항서제약이 왜 좋은

지를 토론하면서 아들의 세상에 대한 관심의 지평이 갑작스레 넓어지는 걸 볼 수 있었습니다. 최근에는 애플 주가가 신고점을 갱신하고 계속 상승하자 대체 애플이 어떤 곳이기에 이렇게 올라가는가를 분석해보려고 하더군요. 이를 통해 앞으로 학교에서 배우는 경제학이 실제로 어떻게 적용되는가를 알 수 있게 되길 기대합니다.

투자통장을 만들어준 것은 자신이 번 돈을 잘 관리해서 성장시키는 능력을 젊었을 때부터 가르쳐주어야 한다는 생각에서였습니다. 돈을 낭비하지 않는 것이 자산 관리의 출발점이지만 그 못지않게 중요한 게 축적된 돈을 효율적으로 성장시키는 방법을 배우는 것입니다. 이는 투자를 통해서만 가능합니다. 하지만 투자는 수익과 손실 두 결과를 가진 양날의 검이므로 관리 능력이 필요합니다. 능력은 하루아침에 길러지지 않습니다. 젊었을 때 투자통장을 만들어 그 안에 펀드, 주식, 채권을 보유하면서 자산 관리를 연습해야 합니다. 세뱃돈, 용돈, 아르바이트해서 번 돈을 모두 이 계좌에 넣게 하고, 이 계좌가 평생 자산 관리의 베이스캠프가 되게 해야 합니다.

왜 예적금통장이 아닌 투자통장을 만들어주었는지 궁금한 분도 계실 겁니다. 자산을 늘릴 수 있는 효율적 방법은 투자이기 때문입니다. 1000만 원의 돈을 1퍼센트로 50년간 운용하면 1640만 원이 되지만 5퍼센트로 운용하면 1억 1460만 원이 되어 7배나 차이가 납니다. 좀 더 길게 생각해볼까요. 어떤 가문은 대대로 1퍼센트의 정기예금으로 자산을 축적하고 다른 가문은 5퍼센트의 투자자산으로 투자했다고 가정해봅시다. 10억 원으로 시작했다면, 100년 뒤 전자는 27억 원이 되는 데 반해 후자는 1315억 원이 됩니다. 어렸을 때 투자통장을 만들어주면 자연스레 투자 DNA가 유전됩니다.

또한, 투자는 세상에 관심을 갖게 하고 상상력을 키워줍니다. 첫차로 중고차를 사서 거금을 들여 타이어를 모두 교체한 적이 있습니다. 그때부터 도로에 있는 차들의 타이어만 눈에 들어왔습니다. 타이어에 적혀 있는 '225/55R 19' 같은 숫자의 비밀을 알게 된 건순전히 첫 차 덕분입니다. 이처럼 투자를 하면 세상에 관심을 갖게됩니다. '브라질에 비가 내리면 스타벅스 주가는 어떻게 될까?' 같은 질문을 하는 게 투자입니다.

투자를 하면 수많은 기업이 펼치는 전쟁을 목격하게 됩니다. 혁신이 세상을 어떻게 변화시키는지, 기업이라는 법 인격체가 어떻게 성장하는지를 보게 됩니다. 논리의 고리를 이어가는 생각을 하게 됩니다. 자녀에게 4차 산업혁명과 전 세계의 움직임을 말로 설명하는 것보다 글로벌 기업 주식을 갖게 하는 게 낫습니다.

'왜 하필 젊었을 때인가? 나중에 돈을 벌기 시작할 때 알아서 판단하게 하면 되지 굳이 일찍 해줄 필요가 있는가' 반문할 수도 있습니다. 여기에는 3가지 이유가 있습니다.

'세 살 버릇 여든 간다'는 말처럼 일찍 시작하면 투자 습관을 들이기 쉽습니다. 자신이 돈을 벌 때는 손실이 두려워 투자를 꺼리게 되지만, 돈이 뭔지도 잘 모르고 부모로부터 받은 돈이 대부분일 경우 부담 없이 위험을 감수하고 투자를 할 수 있습니다. 투자를 배운다는 측면에서는 이처럼 아무것도 모를 때 경험을 하게 하는 게 좋습니다.

투자는 적은 돈으로 오랜 기간 연습해야 합니다. 펀드매니저도 처음에는 적은 돈을 맡아 운용하다가 익숙해지면 할당을 많이 받습니다. 투자는 1~2년 해보거나 책 보고 공부를 많이 한다고 해서 잘할 수 있는 게 아닙니다. 자본시장을 많이 경험해봐야 합니다. 자산 거품으로 주가가 턱없이 오를 때도, 혹은 어이없이 주가가 폭락할 때도 경험해봐야 합니다. 싼 값으로 좋은 경험을 얻으려면 투자되는 돈이 많지 않을 때 수업료 낸다는 생각으로 투자해야 합니다. 그런데 사람들은 공부할 때는 학원에 아낌없이 학원비를 내면서 투자를 배울 때는 손실이라는 비용을 지불하지 않으려 합니다. 투자 실력은 절대 공짜로 생기지 않는다는 것을 명심하십시오.

20~25세 때 투자를 시작하면 소득이 많아지는 40~45세쯤에는 자산 관리 능력을 갖출 수 있습니다. 공교롭게도 이 나이는 종잣돈이 축적되고 소득도 늘어서 본격적으로 자산 관리가 필요한 시점입니다. 효율적 자산 관리가 필요한 때에 자산 관리 능력이 있으니 시간의 궁합이 잘 맞는 셈입니다. 이때 탄력을 받으면 근로소득과

자산소득이 모두 증가하면서 총자산이 빠른 속도로 늘어납니다. 자산 관리 능력을 익힌 사람과 그렇지 않은 사람의 승부는 이 시점에 판가름 납니다.

소설가 천명관의 《고령화 가족》을 보면 남편의 보험금과 화장품 외판원을 해서 번 돈으로 근근이 혼자 살아가는 엄마의 집에 다른 자녀 세 명이 들어와 사는 이야기가 나옵니다. 이런 상황이 바로 생각지도 않은 노후 리스크입니다. 자녀의 인적자본을 키우는 것뿐 아니라 자산 관리 능력도 키워줘야 이러한 사태를 막을 수 있습니다. 자녀에게 고기 잡는 법을 가르치는 게 제일 좋은 유산입니다. 자녀에게 물려줄 유산에는 생물학적 DNA뿐 아니라 자산을 효율적으로 관리할 수 있는 문화적 DNA도 있습니다.

상속은 자산 관리의 끝판왕

"어머니. 며느리는 딸이 아니에요."

— 어느 드라마 대사

흥부의 비극은 상속을 형 놀부에게 모두 빼앗긴 데서 시작됩니다. 놀부는 부모가 물려준 재산을 독차지하고 아우 흥부를 집에서 내쫓습니다. 그 시대에는 이런 일이 종종 있었나 봅니다. 그래서 상속을 못 받고 힘들게 삶을 꾸려가는 차남들이 〈흥부전〉을 읽으며 위로 받았는지도 모릅니다.

사실 반세기 전만 해도 사정은 크게 다르지 않았습니다. 평균 수명이 짧다 보니 부모는 일찍 세상을 떠나고 어린 자녀들만 남아 있는 경우가 많았습니다. 그런데 상속을 모두 받은 장남이 동생들을 돌보지 않아 어린 나이에 뿔뿔이 흩어져 힘들게 살기도 했습니다. 이는 1977년 민법에서 유류분(遺留分) 제도를 만든 배경이 됩니다. 유류분 제도는 법정 상속분의 절반을 요구할 수 있는 권리입니다. 예를 들어 자녀 둘과 배우자가 있다면 법정상속비율은 1:1:1.5입니다. 여기서 자녀는 3.5분의 1의 절반인 14.3퍼센트를 유류분으로 각각 받을 권리가 있고 배우자는 21.4퍼센트를 받을 수 있습니다. 이 같은 유류분 제도가 있었으면 흥부가 기가 막힐 일은 없었을 겁니다.

상속은 윗대로부터 받거나 아래 세대에 주거나 둘 모두 삶에 중대한 영향을 미칩니다. 19세기 유럽은 부(富)가 형성되는 데 있어 상속이 지배적인 영향을 미쳤습니다. 상속을 잘 받으면 흥하고 잘못 받으면 몰락했습니다. 상속세가 없고 일을 해서 버는 돈이 뻔한 상황에서 재산을 받는 것은 부를 형성하는 가장 효과적인 방법이었습니다. 21세기 한국에서는 재테크 중 최고는 효(孝)테크라는 말이 있습니다. 젊었을 때 절약해서 돈을 모아봐야 한계가 있는데 상속을 잘 받으면 목돈을 벌 수 있다는 것입니다. 그래서 젊어서 원하는 만큼 소비하고 대신 시간을 좀 내서 부모님을 찾아뵙고 함께 자주 식사하면서 상속 받는 게 더 현명한 재테크라는 거죠. 속마음이야 어떻든 간에 부모 자식 모두 윈윈(win-win) 게임이지 않습니까?

상속 전략을 잘못 짜서 실패하기도 합니다. 부모들이 집 같은 재산을 미리 자녀에게 주고 자신의 노후를 자녀에게 의탁했다가 낭패를 보는 경우입니다. 오죽하면 국회에서 '불효자 방지법'까지 발의됐겠습니까? 현재도 범죄 행위나 부양의무 위반 시 증여재산을 돌려받을 수 있지만, 불효자 방지법은 학대나 부당한 대우를 받을 경우도 반환을 청구할 수 있게 강화한 것입니다. 어쨌든 효도 계약서를 쓸 때는 구체적인 사항까지 하나하나 명시해야 뒤탈이 없습니다.

상속 이야기를 하면 '일부 돈 많은 사람의 얘기이지 내 일이 아니다'라고 말하는 분이 있습니다. 오해입니다. 상속과 관련된 세금 문제는 돈 많은 사람의 얘기이지만 상속은 보통 사람의 문제입니다. 50억 원, 100억 원으로 다투는 거나 5000만 원, 1억 원으로 다투는 거나 양상은 같습니다.

실제로 우리나라 상속 시장을 보면 2017년 한 해 상속 금액은 36조 원이고 피상속인(사망으로 인해 재산을 물려주는 사람) 수는 23만 명에 달합니다. 앞으로 사망자 수가 증가하면 이는 더 확대될 겁니다. 이 중 과세 미달이라 상속세를 내지 않는 사람이 97퍼센트를 차지하고 금액은 19조 원에 달합니다. 전체 피상속인 중 3퍼센트가 17조 원의 재산을 상속하고 세금을 내는 셈입니다. 이 통계에서 보듯이 2017년 현재 상속세는 3퍼센트(7000명)의 문제지만 상속 문제는 전체(23만 명)에 걸쳐 있음을 알 수 있습니다.

상속은 재산 형성뿐 아니라 노후 자산 관리에도 영향을 미칩니다. '지금 아껴서 자녀에게 상속 재산을 남기느냐, 지금 충분히 쓰고 상속 재산을 남기지 않느냐, 유산은 증여를 통해 미리 주느냐 아니면 사망 시에 상속 재산으로 주느냐, 자녀 세대에게 남긴다면 배분은 어떻게 할 것인가' 등 다양한 문제가 있습니다. 어떤 전략을 쓰느냐에 따라 본인의 노후 후생과 자녀의 후생, 그리고 가족의 화목이 달라집니다.

상속 시 주의해야 할 것도 많습니다. 유서를 정확하게 써야 분쟁의 소지가 없습니다. 주민등록번호, 이름을 다 적어도 주소가 없으면 안 되고 날인 대신 서명을 해도 안 됩니다. 녹음을 할 때는 공증인을 옆에 두어야 합니다. 유류분 제도가 암초로 작용해서 부모가 원하는 대로 상속 재산을 처리하지 못하는 경우도 있습니다.

어떤 자녀는 부모가 장남에게 재산을 모두 주겠다고 유언하면 "잘 알겠습니다. 유지를 받들어 모시겠습니다" 하고는 돌아가시자마자 바로 유류분 청구를 하기도 합니다. 이러다 보니 부모를 잘 부양하는 자식에게 상속 재산을 많이 주겠다는 '전략적 상속'도 쉽지 않습니다. 요양원 침대 옆에 붙어 있다가 피상속인이 잠깐 정신 들었을 때 유언장을 작성하게 해서 자녀들 사이에 분쟁이 일어나기도 합니다.

그뿐 아닙니다. 자칫하면 남겨진 배우자가 집에서 쫓겨날 수도 있습니다. 상속 재산인 집을 생존 배우자가 자녀와 나누다 보면 현금이 없을 경우 집을 팔아야 합니다. 그래서 일본은 2018년에 '배우자 거주권'을 인정하여 일정 조건이 충족되면 자택은 유산 분할에서 제외하고 남겨진 배우자가 거주할 권리를 인정하고 있습니다.

상속(증여)은 노후 자산 관리의 중요한 축입니다. 본인의 후생, 자녀의 후생, 가족의 화목이 달려 있는 종합예술입니다. 조사에 따르면 원만하게 상속하는 데 있어 가족의 화목과 균등한 재산 배분은 꼭 필요한 요소라고 합니다. 이 둘을 모두 갖추는 건 결코 쉬운 일이 아닙니다. 갈등이 내재돼 있는 문제라고 할 수 있지요. 이래저래 상속은 '노후 자산 관리의 끝판왕'입니다. '나 죽고 알아서 하시오'라는 생각을 하지 말고 결자해지해야 합니다.

주택연금에 숨어 있는
상속 경제학

‖

숲속에 있는 백 마리 참새보다 손 안에 있는 한 마리 참새가 낫다.

— 필자의 어머니

주택연금은 좋은 제도인데도 생각보다 가입자가 많지 않습니다. 길게 보면 가입자가 꾸준하게 증가하는 등 다른 나라보다 성공적으로 정착되고 있지만 기대에 미치지 못합니다. 주택 가격 변동, 연금 액수, 자기 집에 대한 애착 등 여러 이유가 있을 겁니다. 흥미로운 것은 여기 자녀가 관계되어 있다는 점입니다. 자녀가 가입에 반대하기도 하고, 어떤 분은 주택연금에 가입했다가 며칠 후에 자녀와 같이 와서 해약하고 가기도 합니다. 주택을 물려준다는 생각 때문에 상속 받을 자녀가 이해관계자가 되는 셈입니다.

주택연금 가입을 기피하는 이유에는 자녀의 압박만 있는 게 아닙니다. 집을 가진 부모들의 상속에 대한 전략적 동기도 숨어 있습니다. 미국 재무장관을 지낸 로렌스 서머스는 경제학자답게 상속 가능한 재산을 두고 부모와 자식이 전략적으로 행동한다고 보았습니다. 부모는 상속할 재산을 가지고 자녀에게 기대하는 바를 얻으려고 합니다. 미래의 상속 재산과 자녀의 서비스를 교환하는 것이죠. 자녀가 제공하는 서비스는 일상의 효(孝)가 될 수도 있고, 집에 손자를 데리고 자주 방문하는 것이나 부모가 어렵거나 아플 때 돌봐주는 것일 수도 있습니다.

실제로 미국에서 조사한 바에 따르면 상속 가능한 재산이 많을수록 자녀와의 접촉이 잦았습니다. 건강이 나빠져서 조만간 상속이 이뤄질 것으로 예상되고 자녀에게 곧 구체적인 액수가 할당될 시점이 되면 더 많은 접촉이 이뤄졌습니다.

참고로, 상속에는 자녀와 게임을 하는 것처럼 삭막한 전략적 동기만 있는 게 아닙니다. 순수하게 이타적 동기에서 비롯된 것으로, 상속자가 즐거워하는 게 좋아서 물려주기도 합니다. 이런 동기는 자신과 상속자가 하나로 연결되어 있다고 생각할 때 더 강해집니다.

쓰다가 남아서 물려주는 것이라는 이론도 있습니다. 노년에 지출될 금액이나 자신의 수명을 모르기 때문에 보수적으로 자산을 과다하게 보유하고 있다가 사망하면서 남은 자산이 상속된다는 겁니다. '어쩌다 어른'이 아니라 '어쩌다 상속'인 셈이지요.

우리나라에선 어떤 동기가 지배적일까요? 일단, 시부모와 혈연 관계가 없는 며느리가 경제권을 쥐고 있는 걸 감안해야 합니다. 실제로 많은 재산을 가지고 있는 시부모를 둔 며느리는 시부모에게 전략적으로 잘합니다. 나이가 들수록 며느리의 발언권이 강해지니 제 생각에는 우리나라의 경우 전략적 상속 동기가 꽤 일리 있어 보입니다. 그래서 저는 농담 삼아 사람들에게 집에 금고를 하나 사서 거기에 도금한 금궤들을 쌓아두고 자식 부부가 오면 슬쩍 닦는 척하라는 말을 합니다. 이런 눈속임은 하늘도 귀엽게 봐주지 않을까요?

상속 재산을 두고 벌어지는 전략적 게임 때문에 연금과 상속에서 다음과 같은 행동들이 나타납니다.

사람들은 죽을 때까지 주는 종신연금이 좋다고 생각하면서도 종신연금에 충분히 가입하지 않습니다. 종신연금은 자신의 목돈을 연금과 교환하는 행위인데, 연금은 중도해지되지 않고 사망하면 지급이 중단되므로 상속 가능한 재산이 없어져버리기 때문입니다. 이렇게 되면 자녀에게 받을 수 있는 서비스가 줄어들 가능성이 커지므로 종신연금에 가입하기보다는 목돈을 금고에 가지고 있으려 합니다.

증여를 통해 재산을 자식에게 미리 주는 것을 꺼립니다. 증여를 해버리면 상속 가능한 재산이 없어져버리니 자녀를 움직일 수단이 없어지기 때문입니다. 그래서 최근에는 보완책으로 증여를 하면서 효도 계약서를 쓰기도 합니다. 여기에는 집 방문 횟수나 병원에 입원할 때의 비용 부담 등을 쓴다고 합니다. 하지만 자기 재산과 효도 계약서 중 어느 쪽이 효력이 클지는 삼척동자도 알 수 있는 일입니다.

주택연금 가입 동기도 전략적으로 설명됩니다. 주택을 연금으로 전환해버리면 주택이라는 상속 재산이 없어져버립니다. 주택연금 가입을 주저하는 고령자들은 연금을 받는 것보다 자녀에 대한 통제권을 행사하거나 자녀의 서비스를 기대하는 게 낫다고 내심 생각합니다. 반면, 연금을 선택하는 분들은 자녀의 서비스에 대한 기대보다 현재의 현금을 선호합니다. 그 연금소득으로 레저, 좋은 병원같이 효에 갈음하는 다양한 서비스를 구입하는 거죠.

그러면 주택연금과 효도 중 무엇을 택해야 할까요? 주택 명의를 미리 자녀에게 이전하고 자녀의 서비스를 기대하는 것은 좋은 방법이 아닙니다. 부모는 자식이 선하다고 믿습니다. 하지만 자기 자식도 다 알 수 없는데 거기에 며느리와 사위라는 변수까지 가세됩니다. 요즘 사전 증여와 관련해서 소송이 증가하고 효도 계약서를 쓰는 사례도 늘어나고 있는 것으로 봐서 이 길은 여러 가지 불확실성이 있다는 걸 알 수 있습니다.

주택을 보유하고 있으면서 주택연금에 들지 않는 경우 노후가 옹색해지기도 합니다. 3억 원짜리 집을 70세에 주택연금에 가입하면 매달 90만 원씩 받는데 이만큼의 소비를 포기하는 셈입니다. 천장에 굴비를 매달아두고 밥 먹는 사람과 마찬가지입니다. 반면에 확실한 연금을 택하는 길은 불확실성이 작습니다. 노후에는 불확실성이 작은 길을 택하는 게 정도입니다.

상속 가능한 주택 자산으로 자녀의 서비스를 유도하려고 하기보다는 이를 연금화해서 그 돈으로 시장에서 필요한 서비스를 사는 것이 본인에게나 자녀에게나 좋습니다. 자신의 주체성을 유지하고 있으면 다른 사람들도 존중해줍니다. 제 어머니께서는 가끔 이런 말을 하십니다. 숲속에 있는 백 마리 참새보다 손 안에 있는 한 마리 참새가 낫다고. 주택연금에 들어맞는 말입니다.

4장

업

職業

은퇴를 만나면
은퇴를 죽인다

작고한 최인호 선생의 소설《길 없는 길》은 구한말 경허 대선사의 일대기를 다룹니다. 깨달음의 길은 정해진 길이 없는데 경허 선사는 그 길을 스승 없이 혼자 깨달아 한국 선불교의 끊긴 법통을 다시 잇습니다.

불가에만 정해진 길이 없을까요? 인생의 전환점을 맞은 사람들에게서도 이런 답답함이 느껴집니다. 은퇴연구소에 있다보니 '저는 어떻게 해야 할까요?'라는 질문을 자주 받습니다만 교과서 같은 답은 없습니다. 사람마다 상황이 너무나 다르기 때문입니다.

주변의 은퇴자들이 걸어가는 길을 보면 다양하기 이를 데 없습니다. 전혀 예상치 않은 길을 걷는 이도 많습니다. 대기업에 다니다 손해사정인이 되어 자동차 사고 현장을 누비는 분도 있고, 증권 회사에서 퇴직한 후 엉뚱하게 제조업체에 근무하는 분도 있습니다. 외환위기 때 화랑 문을 닫고 방황하다 요리사의 길에 들어선 분도 있습니다.

다양성에도 불구하고, 길 없는 길의 중심에는 항상 일이 있습니다. 퇴직자 교육 과정에서 수요가 가장 많은 과목이 경력 관리와 재취업입니다. 그도 그럴 것이 60세가 넘어도 청년처럼 팔팔한데 할 수 있는 일이 없으니 얼마나 답답하고 어렵겠습니까? 인생 후반의 일은 돈뿐 아니라 건강, 관계, 의미와도 밀접한 관련이 있습니다. 일은 나이 들어도 삶의 토대가 됩니다.

젊었을 때와 달리 정해진 길이 없는 길을 걸어야 하니 열심히 걷는다고 해서 되는 게 아닙니다. 올바른 방향으로 걸어야 합니다. 어디가 어딘지 모를 때 우선적으로 찾는 것이 동서남북입니다. 조금 빗나간 길은 수정하면 되니까요. 금융 사기나 은퇴 창업 같은 하지 말아야 할 일을 막고, 서두르지 말고, 자신의 전문성과 기술을 키워가는 게 올바른 방향입니다.

길이 안 보인다고 너무 걱정하지 마십시오. 불가에서는 '부처를 만나면 부처를 죽이라'고 했습니다. 은퇴를 만나면 은퇴를 죽이십시오. 길 없는 길, 자신의 아레테(arete)와 함께 무소의 뿔처럼 나아가십시오.

은퇴란 무엇인가

아무도 묻는 이가 없으면 그것을 아는 것 같지만,
막상 누가 물으면 말문이 막힌다.

― 아우구스티누스

은퇴(隱退). 이 단어를 달가워할 사람은 그리 많지 않습니다. 사전적으로는 직업이나 일의 종결이라는 의미이니, 뒷방 늙은이가 되는 듯한 생각도 듭니다. 그래서 요즘은 은퇴라는 말 대신 부분적 은퇴 혹은 반퇴(半退)라는 말을 씁니다. 반만 물러나고 반은 발을 걸치고 있다는 뜻이죠. 은퇴 관련 기관도 이 단어를 기피하고 다른 이름을 붙입니다. 경제 관련 연구소는 이름이 다들 비슷한데 유독 은퇴 관련 연구소는 제각각 다양한 이름을 쓰고 있는 이유입니다. 은퇴에는 정말 나쁜 의미만 담긴 걸까요?

은퇴는 나이 들었기 때문에 일어나는 일이 아니라 생애에 걸쳐 일어나는 하나의 과정입니다. 2014년 2명의 스포츠 스타가 '은퇴' 했습니다. 축구 선수 박지성이 33세 나이에 은퇴했고 피겨스케이팅 선수 김연아 역시 24세 나이로 은퇴합니다. 비교하기가 좀 그렇습니다만 젊은 조폭도 "그만 손 씻고 이 바닥에서 은퇴하렵니다"라고 말합니다. 이처럼 은퇴는 자신의 주된 일터에서 물러나는 것일 따름입니다. 다만 젊어서 하는 은퇴는 아무렇지 않게 여기면서 나이 들어 하는 은퇴는 단어조차 피하려 합니다. 마지막이라 받아들이기 때문입니다.

　은퇴는 '~에서' 은퇴하는 행위입니다. 판사 일에서 은퇴하거나 의사 일에서 은퇴하거나 정년이 가까워져 직장에서 은퇴합니다. 하지만 달리 생각하면, '~에서' 물러나 '~로' 옮기는 과정입니다. 판사 일에서 물러나 변호사 일을 한다든지 혹은 병원 일에서 물러나 아프리카로 떠날 수도 있습니다. 은퇴는 인생에서 완전히 물러나는 게 아니라 하나의 일을 종결하고 다른 일로 가는 과정입니다. 그래서 '나는 은퇴했다'라는 말보다는 '나는 어떤 일에서 은퇴했다'라고 말하는 게 정확한 표현입니다. 전자의 은퇴는 그 자체로 종결의 의미가 있지만 후자의 은퇴는 A에서 B로 옮겨가는 과정을 내포하기 때문입니다.

　은퇴를 긍정적으로 볼 필요가 있습니다. 영어로 은퇴(retire)를 '타이어를 새로 바꾼다'는 're-tire'로 해석하는 것도 A에서 B로 옮겨간 과정에 초점을 맞춥니다. 우리나라에서 은퇴라는 말이 부정적으로 쓰이는 건 한자의 뜻 때문일 겁니다. 은퇴를 직역하면 숨을 은(隱), 물러날 퇴(退)이니 물러나 숨는다는 뜻이거든요. 일본에서는 은퇴를 '인타이[引退]'라고 하는데 그냥 '물러난다'는 뜻입니다. 우리 식으로 하면 은퇴는 마치 세상과 인연을 끊고 은거하는 듯한 인상을 줍니다.

그런데 그렇지 않습니다. 옛 선비들은 조정에서 물러나면 낙향해서 난(蘭)을 치고 책을 쓰며 후학을 양성하고 수양을 했습니다. 물러나 숨는 것은 숨는 것 자체를 목적으로 하는 게 아니라 새로운 나아감을 위한 준비였습니다.

영국 소설가 겸 극작가인 서머셋 몸은 1919년 《달과 6펜스》를 발표합니다. 6펜스는 1펜스 6개가 아니라 동전 하나였습니다. 우리나라 500원짜리 동전 정도라고 생각하면 됩니다. 하늘에 떠 있는 것도 둥그런 것이요 6펜스도 둥그런 것입니다. 어떤 둥그런 것을 추구하겠느냐고 묻는 소설입니다.

소설의 주인공 스트릭랜드는 성공한 40대 주식 중개인이자 가장입니다. 그런데 어느 날 갑자기 주식 중개인에서 은퇴하고 그림을 그리기 위해 파리로 떠나버립니다. 사람들은 기껏해야 3류 화가밖에 더 되겠느냐며 돌아오라고 하지만 말을 듣지 않습니다. 파리에서 자유롭고 방탕한 생활을 하던 스트릭랜드는 타히티로 떠나고 거기서 문둥병에 걸려 죽습니다. 짐작하시겠지만 이 소설의 모델은 프랑스 인상주의 화가 폴 고갱입니다.

달은 이상을, 6펜스는 현실을 상징합니다. 우리는 항상 이 같은 갈등 속에 있습니다. 철학자 탈레스가 하늘을 관찰하다가 개울에 빠졌다는 일화가 유명한 것도 사람의 내면에는 이상과 현실의 갈등이 상존하기 때문일 것입니다.

은퇴는 늘 일어나는 과정입니다. 물러나 숨는 것은 새로운 나아감을 위한 준비입니다. 인생 후반의 은퇴는 그전과 달리 새로운 나아감에 제약이 많다 보니 다른 차원으로 생각할 수도 있습니다만, 새로운 나아감을 위한 준비라는 본질은 다르지 않습니다. 은퇴라는 단어를 외면해도 인생의 본질은 변하지 않습니다.

이제 은퇴란 무엇인가에 대해 답을 해야겠습니다. 아우구스티누스는 《고백록》에서 시간에 대해 "아무도 묻는 이가 없으면 그것을 아는 것 같지만, 막상 누가 물으면 말문이 막힌다"라고 말했습니다. 은퇴도 마찬가지인 것 같습니다만 그래도 감히 답을 해봅니다.

은퇴란 A에서 B로 가는 과정의 시간입니다. 여러 번 있을 수도 있고 두세 번에 그칠 수도 있습니다. 나이는 관계없습니다. 삶의 종료도 아닙니다. 연극의 막간처럼 삶의 과정에 있는 막간입니다. 이 막간들이 삶이라는 연극을 풍성하게 만듭니다. 은퇴가 단순한 과정이 아니라 발전적 과정인 이유입니다.

기존 일에서 철저히 물러나 자신을 성찰해보고 새 길을 모색하는 쉼입니다. 그 새 길은 나이가 들수록 6펜스보다는 달에 점차 가까워지는 것 같습니다.

은퇴를 만나면
은퇴를 죽인다

백척간두 진일보(百尺竿頭 進一步)

— 당나라 승려 장사경잠(長沙景岑)

사람들에게 은퇴 자산 중 무엇이 가장 중요하냐고 물어보면 연금, 건강, 관계, 아내라고 대답합니다. 맞는 말입니다. 하지만 정작 가까이 있는 소중한 자산은 깜빡 잊은 것 같습니다. 바로 '자기 자신'입니다. '나'라는 인적자산은 돈을 벌기도 하고 반대로 아프면 돈을 많이 쓰기도 합니다. 노후에 나를 오래오래 잘 활용해서 소득을 창출하고 비용을 줄인다면 이보다 좋은 은퇴 설계는 없습니다.

지인이 몇 년 전에 사업을 정리하고 6억 원을 예금해두었더니 월 100만 원 정도 나오던데 강의를 나갔더니 100만 원을 주더라고 했습니다. 일을 해서 월 100만 원 버는 사람은 예금 6억 원을 가진 것이나 마찬가지입니다. 이 관점으로 해석하면 월 100만 원 버는 일이 상당한 경제적 가치가 있습니다. 노후의 일은 생각보다 경제적 효과가 큽니다.

일을 하면 경제적 효과 이외에 비경제적인 효과도 따라옵니다. 건강이 좋아지고 관계망이 넓어집니다. 그냥 이 사람 저 사람 전화해서 만나자고 하는 것은 생뚱맞지만, 일을 매개로 만나는 건 자연스럽습니다. 관계망이 탄탄하면 우울감도 줄어듭니다.

일을 하면 죽음에 대한 생각도 별로 들지 않습니다. 노후의 휴식도 중요하지만 일하며 바쁘게 지내다가 갖는 휴식은 더 달콤하기 마련입니다. 그렇다면 일을 하는 '나'가 되기 위해서는 무엇을 해야 할까요?

나에게 투자해야 합니다. 젊었을 때 학교에 다니면서 나를 교육시킨 것처럼 노후에도 배우러 다녀야 합니다. 사람은 변화를 주도해가야 합니다. 나이가 많다고 낙담해선 안 됩니다. 평균 수명이 길어진 지금은 늦었다고 생각할 때가 오히려 빠른 때입니다. 노후에 대비해 저축하는 것도 좋지만 돈의 일부를 나에게 투자하십시오. 초저금리 시대에 은행에 돈을 넣어두어봤자 이자가 거의 없습니다. 나에게 투자해서 일을 통해 돈 버는 나를 만드는 게 더 좋은 전략입니다. 주 52시간 근무 시대를 맞아 여유 시간을 나에게 재투자하면 금상첨화입니다. 요즘 독서실에서 40~50대가 자격증 공부를 많이 한다는데, 눈여겨볼 만한 변화입니다.

나에게 투자하되 초점을 맞추어 특기를 하나 만들면 좋습니다.
내가 평생 하던 직업을 발전시켜도 되고 방향을 완전히 바꾸어서
하고 싶은 일을 해도 됩니다. 이것저것 취미처럼 하는 아마추어
보다는 어느 하나를 깊이 파고드는 프로페셔널한 태도가 필요합
니다.

2018년 7월 영국에서 디 오픈(The Open) 골프 대회가 열렸습니
다. 나흘 동안 경기하면서 친 타수를 보면 1등이 276타, 2등이 278
타(4명), 6등이 279타(3명), 9등이 280타(3명)였습니다. 1등과 9등
의 정규타수는 불과 4타 차입니다. 4라운드를 쳤으니 결국 한 라
운드에 1타 차이 난 셈입니다. 나흘 동안 정규타수가 284타이니
결국 1등에 비해 1.44퍼센트(=4÷284)를 더 쳐서 9등이 된 것입니
다. 9등은 1등보다 100번 칠 때 불과 1.4번 더 친 것입니다.

프로의 세계는 전문가의 세계입니다. 장수 시대는 인생을 한 번
더 주는 셈입니다. 1만 시간을 자신에게 투자하면 전문가가 된다
고 하는데, 60세에 은퇴한다고 보면 적극적으로 활동할 수 있는 시
간이 10만 시간이나 됩니다. 길게 보고 자신에게 투자해야 합니다.

새로운 일에 주저하지 마십시오. 노후에는 대부분 과거에 해왔
던 업에서 확장해 일을 찾으려 합니다. 축구선수가 코치가 되듯이
사업가는 사업 컨설턴트가 되는 식이지요. 이런 일을 찾기 힘들다
면 주저말고 새로운 시도를 해봐야 합니다. 단, 주의할 게 있습니

다. 절대 조바심을 내면 안 됩니다. 처음 하는 일이 당장 좋아질 리 없습니다. 첫 직장에 들어갔을 때를 떠올려봅시다. 그 일을 처음부터 천직처럼 좋아한 사람은 그리 많지 않을 겁니다. 오랫동안 하면서 익숙해지고 그러다가 천직이 된 것이지요. 젊었을 때는 일을 배우는데 오래 걸리는 걸 당연히 여기면서 나이 들어서는 빨리 전문가가 안 된다고 애태우는 분들이 많습니다. 실망하지 말고 지속적으로 매진해야 합니다.

사회 공헌도 좋습니다. 돈은 많이 벌지 못하지만 다른 많은 것을 얻을 수 있기 때문입니다. 사회 공헌과 관련한 일을 하려면 퇴직 전부터 관계를 형성해놓는 게 좋습니다. 퇴직하기 몇 년 전부터 자신이 활동할 조직을 조사해보고 주말에 틈 날 때마다 참여해봅시다. 일이 없어 찾아왔다는 것보다 직장에 있을 때부터 왔다는 게 좋은 인상을 줍니다.

얼마 전에 생애설계 관련 일을 하는 분을 만났는데 몸이 아널드 슈워제네거 같았습니다. 보디빌딩 훈련을 25년 동안 했고 시합에도 여러 번 나갔다고 합니다. 이분처럼 취미라 할지라도 한 방향으로 목적성을 갖고 천착하는 게 좋습니다. 진지한 취미를 가지신 거죠. 이분은 노후에 다른 사람이 따라올 수 없는 경쟁우위를 확보했습니다. 50세가 된 사람이 지금 시작한다면 75세가 되어서야 25년 운동한 셈이 되니까요. 이런 걸 일컬어 경쟁자를 막는 해자(垓子)를 쳤다고 합니다.

노후 삶의 구조를 짤 때는 '나'라는 은퇴 자산을 들여다보고 잘 활용해야 합니다. 주된 직장에서 물러난다고 해서 인생의 활동이 끝난 것이 아닙니다. 자신에게 투자해서 은퇴로부터 은퇴하시기를 바랍니다. 불가에는 '부처를 만나면 부처를 죽이고 조사(祖師)를 만나면 조사를 죽이라'는 말이 있습니다. 부처나 조사라는 권위에 눌려 미망에 빠지지 말라는 뜻입니다. 은퇴라는 통념에 눌리지 마십시오. 은퇴를 만나면 은퇴를 죽이십시오.

일자리 노마드족

마당을 쓸거나 세탁실 장을 정돈하는 일도
존재의 가장 의미 있는 주제들과 밀접하게 관련이 있다.

— 알랭 드 보통

우리나라 근로자들은 퇴직 후에도 일을 계속하다 70세가 넘어서
야 완전히 은퇴합니다. 이 기간 동안은 마치 노마드족(유목민)처럼
여러 일자리를 이동합니다. 재취업-구직-재취업을 반복합니다. 일
찍 주된 직장에서 물러나는 근로자들은 거의 20년 동안 일자리 노
마드족이 됩니다. 이러다 보니 퇴직 전 20년 일하고 퇴직 후 20년
일하는 셈이죠. 그만큼 주된 직장에서 퇴직하고 그 뒤에 갖는 재취
업 시장의 중요성이 큽니다. 문제는 퇴직 후 재취업시장은 퇴직 전
취업시장에 비해 불안정하고 근로 지속 기간도 짧고 소득도 크게

줄어든다는 겁니다. 설상가상으로 베이비부머가 앞으로 계속 은퇴 대열에 접어들면서 10~20년간 노마드족이 증가할 것으로 예상됩니다.

미래에셋은퇴연구소는 2018년에 50~60대 1800명을 대상으로 퇴직 후 재취업 시장의 현황을 조사했습니다. 여기에서 나타난 재취업 일자리의 이동 경로를 살펴보고 재취업 성공 요건을 알아보겠습니다.

조사 결과, 퇴직자 중 75퍼센트가 본인의 의사와는 상관없는 비자발적 퇴직을 했고, 자신의 예상과 달리 실제 퇴직이 빨랐습니다. 실제 퇴직 연령은 평균 54세였습니다. 이런 이유로 재취업 준비가 제대로 되지 않아 10명 중 4명이 재취업에 어려움을 겪는 것으로 나타났습니다. 퇴직이 예상보다 빠를 수도 있다는 가정하에 미리 재취업 준비를 해두는 게 좋을 것 같습니다.

재취업할 때 '스스로 정보 습득' 이외에는 '인적 네트워크 활용'이 26퍼센트로 가장 많았고, 그다음이 '자격증 취득'(22퍼센트)이었습니다. 모두 '공공기관 취업 상담'(20퍼센트)보다 높았습니다. 인적 네트워크는 비체계적인 방법인데도 실제로 재취업에 도움이 되는 첫 번째 요소로 나타났습니다. 예상치 못하게 인적 네트워크를 통해 재취업한 경우가 많으니 친한 그룹뿐 아니라 다른 그룹도 인적 네트워크로 적극 활용해야 합니다.

재취업자의 절반 이상은 2개 이상의 일자리를 거쳤습니다. 두 번 재취업한 사람이 27퍼센트였으며 세 번 이상 재취업한 사람도 24퍼센트에 달했습니다. 다시 말해, 퇴직자들은 퇴직 이후 적어도 2~3회 이직할 마음의 준비를 해야 합니다. 재취업하는 데 걸리는 기간은 평균 5.1개월이며 재취업한 직장에 머무르는 기간은 평균 1년 6개월 정도에 불과했습니다. 이는 주된 일자리에서의 재직 기간과는 크게 차이 납니다. 재취업 시장은 일용직, 임시직이 많기 때문입니다. 실제로 재취업 유형을 보면 25퍼센트가 단순노무였습니다.

근로 여건 역시 크게 변합니다. 첫 재취업 때 월소득이 37퍼센트 감소하고 상용직 비율은 89퍼센트에서 46퍼센트로 떨어집니다. 단순노무 종사자는 4퍼센트에서 첫 재취업 때 20퍼센트로 대폭 증가합니다. 따라서 재취업에서 오는 정신적 충격에 대비해야 합니다.

결국 재취업 시장은 구직 기간이 길고 재직 기간이 짧아 여러 직장을 옮기게 되며, 근로 여건 역시 악화되어 소득 급감, 단순 노무 비중 급증, 상용직 비율 급감이 일어납니다. 재취업 시장이 험난한 길임을 알 수 있습니다.

이러한 여건을 반영하듯 재취업 성공 요인은 '퇴직 전 경력'과 '눈높이 낮추기'였습니다. 동종 업종에 취업할 경우 '퇴직 전 경력'이 가장 중요한 역할을 한 반면 이종 업종에 재취업할 경우는 '눈높이를 낮추었다'는 비중이 가장 높았습니다. 특히 단순노무에 재취업한 사람의 성공 비결은 '눈높이를 낮추었다'가 거의 절반이나 되었습니다. 전문성을 갖추지 않았을 경우 재취업에 성공하려면 과감하게 눈높이를 낮춰야 합니다.

이 같은 퇴직과 재취업 현황의 특징을 통해 재취업에 성공하기 위해 필요한 요건을 살펴보도록 하죠. 5가지 계명으로 정리해보겠습니다.

첫 번째, '예상보다 빠른 퇴직, 재취업 준비는 체계적으로.' 재취업 현황을 보면 대다수의 퇴직자가 자신이 생각한 것보다 퇴직 시기가 빨라 준비할 여유가 없었습니다. 퇴직이 임박하지 않았더라도 재취업을 염두해두고 준비해야 합니다. 생각만 할 게 아니라 체계적으로 재취업 준비를 하십시오.

두 번째, 전문성을 확보하고 인적 네트워크를 구축합시다. 재취업에 가장 중요한 요건은 남이 갖지 못한 전문성입니다. 여기에 인적 네트워크까지 잘 갖추어져 있다면 재취업은 상대적으로 용이합니다. 퇴직했다면 자신의 전문성을 명확하게 부각시키고 이를 많은 사람들에게 널리 알려야 합니다.

세 번째, 일자리 포트폴리오를 구축하십시오. 노후의 재취업 일자리는 하나로 해결되지 않습니다. 파트타임 일자리 여러 개가 될 수도 있고, 봉사 활동이 될 수도 있습니다. 한 조직에서 풀타임으로 일하는 방식에서 벗어나 여러 조직에서 파트타임으로 일하면서 일자리 포트폴리오를 갖는다고 생각하는 게 좋습니다.

네 번째, 퇴직하기 전에 재정 소방훈련을 실시합시다. 퇴직해서 재취업하더라도 일반적으로 소득이 급감합니다. 소득이 줄더라도 가계 재정에 문제가 없을지 점검해보는 게 좋습니다. 소방훈련은 불이 났다고 가정하고 이에 맞추어 모의훈련을 하는 것입니다. 마찬가지로 소득이 급감할 경우 어떻게 지출을 줄일지, 그리고 지속 가능한 지출이 어느 정도인지 등을 확인해보아야 합니다.

다섯 번째, 근로소득 감소를 금융소득으로 보완하는 체계적 구조를 만듭니다. 퇴직 후 근로소득이 줄어들 것이라는 사실을 받아들이고 부족한 근로소득을 금융소득으로 보충하는 방법을 찾아야 합니다. 종국적으로는 근로소득은 '0'에 가까워지므로 거의 모든 소득을 금융소득으로 마련해야 합니다.

물론 일자리 노마드족이 되지 않으면 가장 좋습니다. 의사, 약사, 변호사 같은 전문직은 일자리 노마드족이 되지 않듯이 전문성이 깊을수록 노마드족이 될 확률이 낮아집니다. 하지만 대부분의 근로자에게는 쉽지 않은 현실입니다. 이 경우에도 재취업 시장의 특징을 파악해 일자리 노마드족의 부정적 요인을 최소화하여 대응할 필요가 있습니다.

나는 어디에 있는가

사람이 잘나고 못난 것이 쥐와 같다.
어떤 곳에 처해 있느냐에 내 운명이 달려 있다.
—《사기》, 〈이사열전〉

중국 진나라 재상 이사는 쥐 때문에 인생 행로를 결정합니다. 어느 날 변소에 들어갔더니 쥐가 놀라서 도망을 갔습니다. 다른 날 곳간에 들어갔더니 잔뜩 살이 찐 쥐가 멀뚱멀뚱 쳐다보며 겁도 내지 않았습니다. 이사는 쥐조차도 어디에 있는지에 따라 처지가 다르다는 걸 깨닫습니다. 그리고 재소자처(在所自處), 즉 '있는 장소에 따라 운명이 다르다'는 말을 하죠. 이 같은 깨달음을 얻고 이사는 초나라를 떠나 진나라로 가서 진시황을 도와 천하를 통일합니다. 이사는 진나라에서 22년 동안 권세를 누립니다. 말년은 좋지 않았지만 이사는 본인이 원한 바를 이룬 사람입니다.

내가 어디에 있느냐에 따라 나의 가치가 달라집니다. 스위스 버스 기사는 우리나라 버스 기사보다 운전 기술이 나은 것도 아닌데 월급을 많이 받습니다. 40대 초반에 동료들과 처음 나이트란 곳에 가기로 했습니다. 입구에서 퇴짜를 맞았습니다. 밤의 세계는 내가 어떤 회사의 어떤 위치에 있느냐와는 전혀 상관없었습니다. 회사에서의 가치가 그곳에서는 무가치해집니다.

퇴직한 뒤에는 이런 현상이 더욱 극명해집니다. 주된 직장에 있을 때와 퇴직 후 재취업했을 때의 소득은 너무 다릅니다. 그러다 보니 '내가 이 돈 벌려고 이런 일까지 해야 되나'라는 말들을 합니다. 자신이 생각하는 가치와 사회가 평가하는 가치가 차이 나는 '가치의 괴리'가 일어나는 거죠.

직장에 있을 때는 회사라는 조직의 생산성이 개인의 노동 생산성을 높여줍니다. 조직이 효율적일수록 생산성도 높아서 월급이 많아집니다. 큰 회사에 들어가려는 경쟁이 치열한 이유입니다. 조직에서 자신이 받던 월급이 오롯이 나의 능력 덕분이라고 생각하면 오판입니다. 조직의 후광과 자신의 능력을 혼동하면 안 됩니다.

그뿐 아닙니다. 큰 조직일수록 일이 철저하게 분업화되어 있다 보니 조직을 나가면 자신의 가치가 사라져버리기도 합니다. 마치 완성된 레고 제품에서 하나만 떨어져 나온 블록 신세가 되어버리는 거죠. 재취업하려 해도 자신의 블록이 딱 맞는 조직을 찾기란 쉽지 않습니다. 나라는 존재가 위치만 달라졌는데 가치가 확 달라져버린 것입니다. 나의 블록을 어디에 맞추어야 할까요?

인생 후반전에 일을 할 때는 나를 어디에 두느냐가 중요합니다. 3가지 정도를 추천해드리고 싶습니다.

전문성과 기술에 나를 두어야 합니다. 퇴직한 분들의 재취업 사례를 들어보면 기술이 있는 사람은 쉽게 자리를 구했습니다. 생산직에서 기술을 익힌 사람들은 퇴직을 하고도 다시 그 직장에 들어간다고 하지 않습니까? 10년 정도 전에 선배님 한 분은 목공일을 배워 성공했습니다. 원자력 박사이면서 기타 만드는 기술을 배운 분도 있습니다. 이분들은 평생 일할 자리를 걱정하지 않아도 됩니다. 아파트 경비를 하더라도 배관공 자격을 갖추고 있다면 비교우위가 있지 않겠습니까? 이와 달리 관리직은 자신이 생각하는 가치와 사회가 매겨주는 가치의 괴리가 큽니다. 큰 조직과 달리 작은 조직에서는 전문적인 관리 업무에 대한 수요가 상대적으로 적습니다.

좁은 문에 나를 두십시오. 들어가기 어려운 곳은 일단 들어가고 나면 넓은 길이 있지만, 누구나 들어갈 수 있는 넓은 문은 경쟁이 치열합니다. 제 친구는 평소 열심히 공부해서 50대 중반 나이에 감정평가사 자격증을 취득해 지금도 현역으로 활동하고 있습니다. 또 다른 지인은 50대 초반에 직장을 나와서 한국폴리텍대학에 들어가 일반인도 아닌 젊은 사람들과 같이 기술을 배웠습니다. 그리고 손해사정인 자격증을 따서 요즘은 자동차 사고 관련 손해를 평가하고 있습니다. 누구나 딸 수 있는 자격증은 가치가 크지 않습니다. 몇 년을 더 투자하더라도 좁은 문으로 들어가야 합니다. 이 작은 차이가 완전히 다른 결과를 낳습니다.

새로운 곳에 나를 두는 것도 고려해볼 만합니다. 대부분의 사람이 평생 배운 직장 경험을 어떻게 활용할까 고민합니다. 경력을 이어가려는 것이지요. 물론 이 길이 편하고 좋습니다만 직장을 다닌 분들은 생각만큼 쉽게 경력이 이어지지 않습니다. 아예 다른 길을 택해보는 것도 좋습니다. 의외로 퇴직 전에 하던 일과 관계없는 다른 일을 택한 사람들이 성공하는 경우가 많다고 합니다. 위에 예를 든 분들도 이전 직장과는 관계없는 일을 택했습니다. 그런데 이런 분들이 이구동성으로 하는 말은 다른 일을 하더라도 이전의 경험이 모두 쓰인다고 합니다. 생각지도 않은 곳에서 융합 효과가 나타나는 거죠. 그러니 다른 일을 하는 데 억울함이나 거부감을 가질 필요가 없을 듯합니다.

'반연금+반기술'이면
전문직 부럽지 않다

‖

우리는 우리가 늘 생각하는 것이 된다.
그것이 가장 묘한 비밀이다.

— 얼 나이팅게일

일본은 고령자의 천국입니다. 그래서 개인이 맞이하는 장수 시대의 어려움이 크지 않을 것으로 생각하기 쉽습니다. 하지만 요즘 일본에선 고독사, 노후파산, 하류노인이라는 단어들이 회자되고 있습니다. 자산이 고갈된 상태에서 연금소득으로 최소한의 생활비를 충당하지 못하는 노후파산이 200만 명에 이른다고 합니다. 일본의 현재는 우리나라의 미래가 될 수 있습니다. 우리 모두는 이러한 미래를 맞이하지 않기 위해서 안전벨트를 마련할 필요가 있습니다. 그중 하나가 반(半)연금·반(半)기술 전략입니다. 반연금·반기술 전략은 연금으로 소득의 반을 마련하고 전문성과 기술에 기반한 일을 통해 소득의 나머지 반을 마련하는 방안입니다.

연금소득과 근로소득은 묘하게 궁합이 좋습니다. 연금소득은 확정적이어서 월급보다 안정적입니다. 공적연금은 국가가 지급하므로 신용도가 국가 수준입니다. 반면에 일을 해서 버는 돈은 변동성이 있습니다. 창업이나 창직(創職, Job Creation)을 할 경우 일이 잘되어 소득이 많아질 수도 있지만 어려울 때는 소득이 거의 없을 수도 있습니다. 안정된 소득과 불안정한 소득은 좋은 결합이 됩니다.

최근 연금이 많은 직업인 교사, 공무원과 전문성을 가지고 오랫동안 일을 할 수 있는 분야인 의사, 변호사 등이 각광을 받고 있습니다. 반연금·반기술 전략의 효과는 인기 있는 이런 직업을 가진 거나 마찬가지 효과를 나타냅니다. 지금이라도 늦지 않았습니다. 공부해서 의사나 교사가 되라는 게 아닙니다. 이들과 비슷한 효과를 나타내는 전략을 마련하면 됩니다. 안정된 연금을 받으면서 동시에 전문적인 일을 하는 것입니다. 이 둘을 결합하면 다음과 같은 이점을 누릴 수 있습니다.

안정된 연금소득이 있기 때문에 장기적으로 자신의 전문성을 발휘하는 일에 도전할 수 있습니다. 노후에 자신의 전문성을 바탕으로 일을 할 경우 기반이 잡히기 전까지는 소득이 들쭉날쭉합니다. 이러다 보니 안정적인 소득이 없으면 전문성에 지속적으로 매진하기 어렵습니다. 당장 소득을 얻을 수 있는 것을 찾아봐야 하기 때문입니다. 하지만 연금으로 생존자금이 마련되면 중간중간의 소득 부침에도 견딜 수 있습니다. 그래서 장기적으로 기술로 승부할 수 있게 됩니다.

반연금·반기술 구도 속에서 하는 노후의 일은 생존만이 아닌 비경제적 가치를 같이 추구할 수 있습니다. 일은 돈을 벌기 위한 경제적 가치뿐 아니라 자아실현, 관계망 형성, 건강, 여유시간 보내기 등의 비경제적 가치도 포함하고 있습니다. 젊어서는 경제적 가치를 기준으로 일을 택하지만 노후에는 비경제적 가치가 일에서 차지하는 중요성이 커집니다.

그런데 연금소득이 없으면 노후의 일도 오직 생존을 위해서만 해야만 합니다. 생존에 도움이 되느냐 되지 않느냐가 일을 택하는 기준이 되는 것이죠. 관계망 형성, 몰입, 보람 등에 좋은 일이라고 할지라도 돈벌이가 되지 않으면 할 수 없습니다. 연금소득이 바탕이 되어 있으면 반드시 돈을 벌기 위해서 일을 할 필요가 없습니다. 경제적 가치와 비경제적 가치 모두를 추구할 수 있으며 비경제적 가치에 많은 비중을 두어도 됩니다. 선택할 일의 범위가 훨씬 넓어지는 것이죠.

선순환 과정을 통해 소득이 커질 잠재성이 있습니다. 기술을 통해 일하는 것에 성공하면 안정적인 소득을 얻을 수 있을 뿐 아니라 경우에 따라서는 연금보다 더 많은 소득을 얻을 수도 있습니다.

이렇게 되면 기술을 통해서 버는 소득이 주가 되고 연금소득이 부차적인 것이 됩니다. 연금소득과 근로소득으로 현금흐름이 충분히 확보되면 금융자산을 적극적으로 운용하여 수익을 높일 수 있습니다. 2가지 소득을 통해 노후의 현금흐름이 충분히 확보된 데다 여유 자산으로 투자하면 수익성이 높아지는 선순환 구조가 정착될 수 있습니다. 그러면 전체 소득이 확대되어가는 길을 밟게 됩니다.

반연금·반기술 전략은 구체적으로 어떻게 실행해야 할까요? 무엇보다 종신연금이 일정한 금액 이상 되게 해야 합니다. 공적연금으로 대략 150만~200만 원 정도 마련할 수 있으면 좋습니다. 국민연금만으로 이 정도 금액을 받기는 어렵습니다. 연금 맞벌이, 연금 수령 시기 연기나 추가 납부 등을 통해 가급적 이 수준에 근접하게 만듭니다.

그래도 부족하면 민간의 종신연금이나 주택연금을 통해 연금액수를 늘려야 합니다. 변액연금을 통해 투자하면서 연금을 받는 방법도 있습니다. 이 방법이 마음에 들지 않는다면 투자자산으로 자산을 운용하면서 스스로 연금 형식으로 돈을 꺼내 쓰는 방법도 있습니다. 소위 자가연금(self annuity)이라고 하는데 규칙성을 통해 자신의 계좌에서 일정한 금액을 스스로 인출하는 방식입니다.

한편 자신의 전문성을 높여야 합니다. 전문성을 갖추려면 계획을 세우고 차분하게 실천해가야 합니다. 서두르지 말고 연금소득을 바탕으로 참고 기다려야 합니다. 연금소득에 자신의 전문성으로 소득을 얻는 반연금·반기술이 갖추어지면 노후의 주춧돌을 마련한 셈입니다. 짜장이냐 짬뽕이냐를 고민하지 말고 짬짜면으로 준비합시다.

1인1기와 'ㅗ'자형 인재

대부분은 잘하는 게 한가지 있는데
그것을 발견해서 온전히 집중하면 세상을 크게 바꾸는 사람이 된다.
— 피터 드러커

랍비들은 율법을 가르친 대가로 돈을 받지 않았으므로 스스로 생계를 책임지기 위해서 하나 이상의 기술을 익혔습니다. 신약성경 〈로마서〉의 주인공 바울은 소아시아 지역에서 전도할 때 천막을 짜서 생계를 유지했습니다. 유대인 철학자 바뤼흐 스피노자는 1656년 그의 나이 스물네 살 때 유대교회에서 파문을 당했지만 렌즈를 깎아 생계를 유지했습니다. 대학에서 그의 신념을 철회하면 교수로 채용하겠다고 했지만 스피노자는 거절합니다. 렌즈 깎는 기술이 있었기에 이런 선택이 가능했겠지요.

특별한 기술이 없는 사람들은 퇴직하면 자영업에 뛰어드는 경우가 많습니다. 남이 고용하지 않으니 스스로 고용하는 것이지요. 우선 돈을 투자해서 가게부터 차립니다. 자영업은 50대 이상 비중이 55퍼센트를 차지할 정도로 높고, 기술보다는 소자본에 의존하는 경향을 보입니다. 그러다 보니 실패율이 높아서 3년 이내 폐업하는 확률이 47퍼센트에 이릅니다. 실패할 경우 투자비용을 잃는 것은 물론 부채까지 떠안다 보니 노후 생활이 더 불안정해지는 악순환에 빠집니다.

자영업의 개념을 소자본 창업보다는 기술 창업으로 바꾸어야 합니다. 기술이라고 해서 거창한 것을 말하는 것이 아닙니다. 작은 분야에서 스스로 경쟁력을 가질 수 있으면 됩니다. 향후 베이비부머들이 지속적으로 정년을 맞이하면서 자영업 시장은 경쟁이 치열해지는 레드 오션(Red Ocean)이 되고, 단순히 소자본에 의존한 창업은 심한 역풍을 맞을 수밖에 없습니다. 기술을 익혀 전문성을 길러야 합니다. 시간이 걸린다고 조급해할 필요는 없습니다. 장수 사회이니 10년 정도 후쯤 전문가가 되어보겠다고 생각하면 됩니다. 기술은 타일을 깔거나 배관을 고치는 것에서부터 비행기를 조종하는 것까지 다양합니다.

비트겐슈타인은 오스트리아 철강왕의 막내 아들로 태어났습니다. 베를린기술전문대학에서 기계공학을 공부했고 영국 맨체스터 대학에서 항공공학을 공부했습니다. 이후 다시 캠브리지에서 철학을 공부했는데 자신이 철학을 할 수 있는 사람인가에 대해 의문이 들었습니다. 그래서 캠브리지에 있던 당대 최고의 철학자 버트런드 러셀을 찾아가서 물어봅니다.

러셀을 만난 비트겐슈타인은 "제가 멍청한 사람인지 아닌지 말해줄 수 있습니까? 멍청하다면 비행기 조종사가 될 것입니다. 만일 멍청하지 않으면 철학자가 될 겁니다"라고 했습니다. 러셀은 방학 동안 철학에 관한 글을 하나 써오라고 했습니다. 그 글의 첫 문장을 읽고 러셀은 비트겐슈타인에게 철학을 하라고 했답니다. 시사 주간지 〈타임〉이 '20세기 가장 영향력 있는 100인'을 발표할 때 철학자로는 러셀과 비트겐슈타인이 선정됐습니다. 러셀의 평가가 없었더라면 비트겐슈타인은 조종사가 될 뻔했지요.

이 일화를 아내에게 들려주었더니 감동은커녕 왜 그런 말을 하느냐며 자기는 조종사가 훨씬 낫다고 합니다. 요즘 조종사가 되기 얼마나 어려운지 아느냐며 공군사관학교에 들어가기가 하늘의 별 따기라며 세상물정 모르고 하는 소리라고 핀잔을 주었습니다. 결론은 철학보다 기술이 100배 낫다는 것이지요.

퇴직 후의 성공담을 보면 치열하게 기술을 익힌 사람들이 많습니다. 퇴직 전부터 익혀온 사람도 있고 퇴직 후에 몇 년 동안 본격적으로 익힌 사람들도 있습니다. 어떤 사람은 도자기 굽는 일을 하려고 퇴직 후 다시 대학에 들어가 공부하고 전문가를 찾아가 도제식으로 2년 동안 숙식을 하며 배웠습니다. 옛날 무협지에서 숨은 고수에게 의탁해 물 길어가며 무술 익히듯이 시골에서 속세의 인연을 끊고 전념했다고 합니다.

평균 수명이 길어질수록 기술을 익혀 자신의 가치를 높여야 합니다. 소자본 창업은 한번 실패하면 자본이 사라집니다. 사라진 자본을 노후에 다시 축적하기는 어렵습니다. 반면에 기술은 시간이 걸리지만 일단 익히고 나면 생존 기간이 길수록 투자 수익도 많아집니다. 장수 사회에서는 저축을 통해 쌓은 자본을 창업한다고 써버리기보다는 기술을 익히는 데 써야 합니다.

우리나라는 대학 교육은 과다 투자이고 평생교육은 과소 투자를 보이는 등 불균형이 심각합니다. 대학 교육은 OECD 평균보다 훨씬 높지만 직업능력 개발 참여율은 OECD 국가 중 최하위입니다. 성인의 평생학습 참가율 역시 30퍼센트 수준으로 OECD 평균 40퍼센트에 훨씬 못 미칩니다. 이런 행태를 바꾸어야 합니다. 퇴직자 교육도 퇴직이 임박해서가 아니라 그전부터 평생계획을 세워야 합니다. 일반적으로 40대부터 재교육하는 게 효과적이라고 합니다.

전문성을 갖는데 있어서 어떤 인재형이 적합할까요? 미디어에서는 미래 사회의 바람직한 인재형을 'ㅜ'자형, 'ㅗ'자형이라고 말합니다. 개인적으로 저는 이 2가지 유형에 동의하지 않습니다.

'ㅜ'자형 인재가 되기는 쉽지 않습니다. 'ㅜ'자형은 넓은 지식을 익히고 다양한 융합지식을 바탕으로 하나의 목표를 정해 천착하는 유형입니다. 하나만 익히는 데도 시간이 오래 걸리는데 다양한 지식을 익힐 시간이 있을 리 없습니다. 천재가 아닌 일반인이 따라하기 힘든 일입니다. 'ㅗ'자형은 더욱 어렵습니다. 'ㅜ'자형 인재가 되기도 어려운데 거기에다 다시 자신의 전공을 바탕으로 융합지식을 만들어야 하기 때문입니다.

저는 'ㅗ'자형 인재상을 추천합니다. 하나를 깊이 파고들어 자신의 전문성을 쌓은 뒤 나만의 관점으로 다른 현상을 해석하거나 혹은 다른 전문가들과의 네트워크를 통해 융합지식을 만드는 유형입니다. 전문성과 네트워크의 결합이라고 할 수 있지요.

다른 사람들이 불러주는 별명은 그의 전문성을 나타내는 경우가 많습니다. 당나라 때 승려인 덕산은 별명이 주금강(周金剛)이었습니다. 금강경의 대가였기에 속세의 성 '주'를 붙여서 지어진 별명입니다. 투자의 구루 반열에 오른 워런 버핏은 오마하의 현인으로 불립니다. 헤지펀드계의 대부 조지 소로스도 돈의 연금술사, 월스트리트의 무법자 등 다양한데, 영국 중앙은행을 턴 사나이라고 불리기도 하지요.

성공한 사람들은 모두 자신의 주특기와 전문성이 누구보다 뛰어났던 사람들이지 보편적 지식을 먼저 쌓은 사람들이 아닙니다. 워런 버핏은 어렸을 때부터 장사를 하고 투자에 매진했습니다. 대단히 사교성이 뛰어나거나 리더십이 있는 것도 아니었지요. 다만 투자를 하다 보니 세상을 읽는 눈이 길러졌고 전문가로서 자신의 분야에서 정상에 오르자 그와 관계를 맺기 위해 다양한 전문가들이 주변에 모여들었습니다. 그러면서 자연스레 정보가 교환되고 사람간의 네트워크가 만들어졌습니다. 여기에서 융합이 일어납니다. 'ㅗ'자형 인재인 셈이죠.

저는 경제 분석, 채권 분석과 채권 운용을 오래 해왔습니다. 그래서 한때 '김경록=채권'이라는 소리를 듣기도 했습니다. 이제 은퇴 관련 연구를 하면서 자산 운용에 관한 경험과 지식이 생애 자산 관리로 연결되고 있습니다. 이 분야의 사람들과 새로운 네트워크가 만들어지면서 융합적 관점을 갖게 되었습니다. 역시 'ㅗ'자형입니다.

프로들만 경쟁하는 영역에서 전문성을 인정받으면 그때 다른 영역과 융합해도 됩니다. 그런 과정을 밟기도 전에 이 영역 저 영역을 기웃거리면 '10가지 재주에 밥 빌어먹는 꼴'이 됩니다. 4차 산업혁명과 장수 시대에는 1인(人) 1기(技)와 'ㅗ'형 인재를 추구해야 합니다.

일단, 해봅시다

일단 해보시라니깐요.
— 이주일

2년 전 처음 드론을 만났습니다. 책을 보러 광화문 교보문고에 들 렀다가 가로세로 10센티미터 정도의 작은 드론이 있어 호기심에 하나 구입했습니다. 생김새와 부속들이 꼭 어렸을 때 본 엉성한 장 난감 같았습니다. 반나절 꼬박 이것저것 시도하다가 마침내 공중 에 띄울 수 있었고, 며칠 낑낑댄 끝에 대략 이륙해서 좌우위아래로 비행하고 착륙하는 것까지는 익혔습니다. 별거 없어 보이던 작은 기계가 이렇게 날아다니는 걸 보며 기술 변화를 실감했습니다. 내 친 김에 드론 자격증을 따볼 계획까지 세웠습니다. 먹고사는 문제에 치이다 보니 계획은 계획에서 멈췄지만 최소한 신기술에 대한 막연한 두려움은 사라졌습니다. 조만간 조금 큰 드론을 사서 운전해볼 생각입니다. 드론에 카메라를 달아 공중 촬영하는 모습을 보니 저도 한번 해보고 싶었습니다.

내친김에 동영상 편집을 공부하기 시작했습니다. 전문가에게 물어 동영상 편집 앱을 추천 받아 스마트폰에 내려받았습니다. 요즘 소프트웨어는 운영 방식이 직관적이어서 따로 설명서를 보지 않고 그냥 기존에 찍은 동영상으로 편집부터 시도해봤습니다. 긴 동영상을 자를 수도 있고, 곳곳에 가위질을 한 뒤 분할해서 이어붙일 수도 있었습니다. 이전에는 방송국에서나 가능하던 일이 내 손 안에서 다 된다니 신기할 따름입니다.

영상의 완성은 편집에서 끝나지 않습니다. 배경음악, 내레이션, 자막, 움직이는 스티커, 템플릿 등이 영상에 생명을 불어넣습니다. 동영상 앱은 무료이지만 이런 기능들을 풍성하게 이용하려면 돈을 내고 구입해야 합니다. 어쩌겠습니까? 커피 두 잔 값도 안 되는데 이 정도는 투자해야겠다고 생각하고 관련 프로그램을 샀습니다. 배경음악만 깔았을 뿐인데 동영상 분위기가 완전히 달라집니다. 자막, 움직이는 스티커 등도 잘 이용하면 생동감을 줍니다.

처음 동영상을 편집할 때는 스마트폰이라는 좁은 공간에서 키보드와 마우스 없이 작업하려니 짜증이 많이 났지만 이틀 정도 해보니 앱에 있는 기능들을 대부분 사용할 수 있게 되었습니다. 마침

내 동영상 하나를 배경음악, 자막 등과 함께 하나 편집해서 친구에게 보여주었더니 너무 재미있어 했습니다. 하여튼 혼자 배워서 이틀 만에 동영상을 대충 편집할 수 있게 되었습니다. 이전에 필름을 가위로 자르고 붙이고 더빙하고 색깔 입히고 배경음악 넣는 등 복잡하게 이뤄졌던 작업을 혼자서 뚝딱 해치워버린 것입니다.

배우고자 하는 욕구가 생기면 잴 것 없이 빨리 시작하는 게 좋습니다. 처음 스마트폰이 나왔을 때 2가지 길이 있었습니다. 스마트폰의 기능을 빨리 배워서 다양한 기능을 활용하는 길과 전화나 문자 등 최소한의 기능만 익혀 사용하는 길입니다. 기기가 나왔을 때부터 기능을 많이 익힌 분들은 더 많은 정보를 활용함으로써 이점을 충분히 누렸습니다. 후자의 분들은 아직도 전화와 문자만 사용하고 있는 반면에 전자의 길을 걸은 분들은 고차원의 영역에서 정보를 습득하고 활용합니다. 보통 사람들이 국도를 달린다면 이들은 고속도로를 달리고 있는 셈입니다. 시간이 흐를수록 이들간의 차이는 벌어지기 마련입니다.

그래서 어떤 기기나 기술이 나왔을 때 어차피 이를 익혀야 한다면 하루라도 빨리 신기술의 고속도로로 진입하는 게 좋습니다. 처음 진입할 때는 비용이 들지만 일단 진입하고 나면 그 정도 비용은 우습게 보일 정도로 이득이 많습니다. 경제발전론 중에도 고속도로(turnpike) 이론이 있습니다. 공짜라고 국도로 달리는 것보다 통행료를 내고 고속도로를 달리는 게 낫다는 뜻인데, 한마디로 초기에 집중투자해서 경제를 한 단계 성장시키라는 뜻입니다. 초기에 돈이 들더라도 빨리 배우는 게 좋습니다.

이왕이면 전문가에게 배우십시오. 길을 잘 모르는 사람에게 길을 물으면 생고생할 수밖에 없습니다. 쉽고 편한 길이 있는데 어려운 길로 돌아가게 됩니다. 저는 초등학교 5학년 때 테니스를 시작해서 고등학교 때는 친구들 중에서는 제일 잘 쳤습니다. 그래서 코치에게 배울 생각을 하지 않았습니다. 그런데 테니스를 전혀 못 치던 친구들이 코치에게 배우더니 어느 날부터 저보다 잘 치게 되었습니다. 제가 못 친다고 이제 같이 치려고 하지도 않습니다. 제 단점은 무엇이든 혼자 배우려고 한다는 점입니다. 그러다 보니 높은 단계에 오르지 못하는 경우가 많습니다. 바둑을 책만 보고 배우는 격입니다. 노력과 연습도 중요하지만 맥을 짚어주는 전문가의 도움이 필요합니다.

신기하게도 동영상 편집이라는 문을 열고 나니 그 순간 새로운 길들이 보였습니다. 우선 PC 버전의 편집 소프트웨어로 고급 기능을 익힐 수 있습니다. 편집에 사용되는 그림이나 사진들은 저작권이 있기 때문에 결국 스스로 사진을 찍고 그림을 그려야 합니다. 그래서 컴퓨터 소프트웨어로 그림 그리는 걸 배워두면 유용할 것 같다는 생각이 들었습니다. 이전부터 제가 쓴 책에 삽화를 직접 그려넣고 싶었는데 소프트웨어 기술의 발달로 아이디어가 있으면 가능할 듯도 합니다.

무언가를 시도하면 새로운 세계가 펼쳐지고 그 세계와 연결되어 또 다른 세계가 펼쳐지면서 다른 것과의 융합이 일어납니다. 그러다 보면 생각지도 않은 길이 보이기도 합니다. 이것이 삶의 묘미입니다. 하나의 문을 열면 또 다른 문이 열릴 뿐 아니라 생각지도 못했던 문들도 나를 향해 열립니다. 이전에는 '저건 할 수 없어'라고 포기했던 영역까지 열리기도 합니다. 하고 싶은 일이 있다면, 일단 문을 하나 열고 들어가보는 게 중요합니다. 작고한 코미디언 이주일 씨가 한 말입니다.

　"일단 해보시라니깐요."

11만 시간 활용법

하루 3시간, 주 20시간 씩 10년, 1만 시간을 투자하면
한 분야에서 성공할 수 있다.

— 말콤 글래드웰

업무차 평일, 지방 골프장에 간 적이 있습니다. 평일에 골프 치는 사람이 이렇게 많았나 싶을 만큼 사람들로 북적거렸습니다. 알고 보니 대부분 은퇴한 사람들이었습니다. 여유가 있는 사람들은 은퇴와 함께 시간적 여유도 많아지다 보니 골프를 치더라도 일부러 하루 종일 걸리는 곳으로 간다고 합니다.

부자들만 이런 것은 아닙니다. 젊었을 때는 시간이 없어서 허덕이는데 은퇴 후에는 시간이 남아돌아 곤혹스럽습니다. 나이 들어 가족과 보낼 시간이 많아졌지만 정작 가족은 내 시간을 별로 필요

로 하지 않습니다. 그래서 노후에는 배분 전략이 중요합니다. '닥치는 대로 하면 되지'라는 생각을 갖고 있으면 긴 세월 집에서 TV만 붙잡고 살게 될 수도 있습니다.

우선 노후의 시간이 얼마나 될지 알아보죠. 60세를 은퇴 시점으로 잡고 85세를 사망 시점이라고 가정해보겠습니다. 기대여명이 25년인데 시간으로 환산하면 22만 시간(=25년×365×24)입니다. 100세까지 산다고 하면 무려 35만 시간이 됩니다. 물론 남녀가 다르니 유념해야 합니다. 남성은 기대여명이 22년이니 총시간이 19만 시간이고 여성은 27년이니 24만 시간입니다.

여기에서 먹고 자는 시간과 아파서 누워 있는 시간을 빼면 활용할 수 있는 가용시간이 됩니다. 통계청의 '시간생활 조사'에 따르면 22만 시간 중 자는 시간 7만 6000시간과 와병 시간 3800시간을 제외하면 가용시간은 11만 시간 정도입니다. 이를 남녀로 나눠보면 여성은 11만 5000시간, 남성은 9만 6000시간으로 여성이 약 2만 시간 많습니다.

핵심은 '자의적으로 선택 가능한 가용시간을 어떻게 쓸 것이냐'입니다. 가용시간 11만 시간은 매일 8시간씩 일한다면 약 37년에 해당합니다. 굉장히 긴 시간입니다. 몸만 건강하다면 무언가 이루어볼 수도 있는 시간입니다. 그렇다면 현재 60세 이상인 분들은 11만 시간의 가용시간을 어떻게 보내고 있을까요?

전체적으로 여가와 일에 6대 4로 시간을 배분하고 있습니다. 일에는 가사노동과 경제활동이 포함되어 있습니다. 남성은 경제활동이, 여성은 가사노동이 주를 차지합니다. 구체적으로 남성은 11만 시간의 27퍼센트를 경제활동에, 여성은 29퍼센트를 가사노동에 할애합니다. 75세가 넘어가면 여성의 가사노동 시간은 그대로인데 반해 남성의 경제활동 시간은 급속히 줄어들면서 남는 시간이 상대적으로 많아집니다. 그래서 남성은 75세를 넘기면 일하는 시간이 크게 줄어듭니다.

여가시간을 다시 적극적 여가와 소극적 여가로 나누어보면, 여가시간의 54퍼센트를 아무것도 안 하거나 그냥 쉬는 소극적 여가활동으로 보내고 있습니다. 소극적 여가활동의 85퍼센트를 차지하는 게 TV 시청입니다. TV 시청은 전체 여가시간의 절반을 차지하며, 11만 시간에 이르는 가용시간의 3분의 1을 차지할 정도입니다. TV가 자식보다 효자라는 말이 여기서 입증됩니다. 적극적 여가활동은 주로 교제나 운동이며, 봉사 활동은 1퍼센트로 아주 낮은 수준입니다.

60세 이후에는 여성이 남성보다 1.4배 더 일을 합니다. 60세 이후 남성의 경제활동 시간은 줄어드는 반면에 여성의 가사노동 시간은 줄지 않기 때문입니다. 문제는 60~74세 은퇴 전반기에 여성은 남성에 비해 1.1배 더 일을 하는 반면에 75세 이후 은퇴 후반기에는 무려 2.2배 더 일을 한다는 겁니다. 75세 이후에 남성이 여성과 가사노동을 분담해야 하는 이유입니다.

남성은 여성과 달리 은퇴 후반기에 여가시간이 크게 증가합니다. 남성은 75세 이후 대부분 경제활동을 하지 않는데, 이 시간을 가사노동에 할애하지 않고 TV 시청에 할애합니다. 이러다 보니 소파에 앉아 TV만 시청하는 남편을 가구(家具)로 비유하기도 합니다. 수명이 길어지면서 노후의 시간도 비례적으로 길어지므로, 시간을 효과적으로 활용하는 방법을 익혀야 합니다. 이를 위해 몇 가지 개선해야 할 점이 있습니다.

　11만 시간에 이르는 가용시간을 체계적으로 계획하고 활용해야 합니다. '1만 시간의 법칙'이라고 들어보셨지요. 이 법칙에 따르면 어떤 일이든 1만 시간을 투자하면 전문가가 된다고 합니다. 11만 시간이면 10가지 분야의 전문가가 되고도 남을 정도의 시간입니다. 조급해하거나 서두르지 말고 전문성을 키워보시기 바랍니다. 초기에 집중적으로 투자해서 전문가가 되고 이를 더욱 천착하면 나이 들어 좋은 결과를 얻을 수 있습니다.

　가사노동에 대한 인식을 바꾸어야 합니다. 가사노동을 분업의 관점에 보아 남성과 여성으로 나눌 게 아니라 협업의 관점으로 보아 남성도 분담해야 합니다. 은퇴 후반기에 여성은 가사노동과 부모 간병, 남편 간병을 하고 남편이 사망한 뒤에는 자신의 병까지 돌봐야 합니다. 노후의 가사노동 분담은 선택이 아니라 필수입니다. 젊어서 일했으니 이제는 쉬어야겠다는 생각을 할 수도 있습니다만 여성도 육아와 가사일을 한 건 마찬가지입니다.

소극적 여가를 적극적 여가로 바꾸어야 합니다. 아무 일도 하지 않거나 TV 보는 시간을 줄이고 운동, 교제, 봉사 등 사회적 활동 비중을 높여야 합니다.

성공적인 재테크가 생활을 편하게 한다면 성공적인 시(時)테크는 삶을 풍요롭게 만듭니다. 성공적인 재테크의 기반은 좋은 자산 배분이듯 성공적인 시테크는 시간을 잘 배분해야 가능합니다. 무엇보다 일하는 시간을 배분하는 데 주의를 집중하십시오. 나이 들어서의 삶을 다르게 만들 수 있는 열쇠가 그곳에 있습니다. 이를 위해 자신의 변화와 성장에 꼭 투자하십시오. 그러면 70대에도 자신이 원하는 일을 할 수 있습니다.

다른 사람이 일하게 한다

잠자는 동안에도 돈이 들어오는 방법을 찾아내지 못한다면
당신은 죽을 때까지 일을 해야 할 것이다.

— 워런 버핏

우리나라 주식시장에는 500조 원이 넘는 외국자본이 투자되어 있는데 투자된 기업이 벌어들인 이익은 외국인 보유 비율만큼 외국자본이 가져갑니다. 주로 연기금 같은 기관투자자들에게로 가는데 여기로 간 배당금은 다시 연금 가입자에게 지급됩니다. 결국 우리 노동 댓가의 일정 비율이 외국의 고령자 연금으로 지급되는 거죠. 삼성전자의 외국인 지분이 57퍼센트에 이르니 삼성전자가 버는 이익의 57퍼센트는 외국인에게 가는 셈입니다. 우리도 해외 기업에 투자하거나 국내 기업에 투자하면 마찬가지 효과를 얻을 수

있습니다. 4차 산업혁명으로 내 일 자체가 위협받는다면 자본투자를 통해 소득을 메꿀 수 있습니다. 경제학자 토마 피케티는 《21세기 자본》에서 자본소득이 노동소득보다 장기적으로 더 많은 부를 창출한다고 말했습니다. 나이 들어서 근로소득 창출 능력이 떨어질 때 자본 투자를 통해 타인의 근로소득을 나의 것으로 가져올 수 있습니다. 투자를 통해 자본 소유를 적극적으로 시도해야 합니다.

1차 산업혁명의 영향으로 영국에서는 기계가 노동자들의 일자리를 빠르게 대체했습니다. 이에 반발한 노동자들 중 일부는 1811년 이른바 러다이트(Luddites)로 불리는 기계 파괴 운동을 전개했습니다. 그러나 기계 파괴가 세계적 흐름을 바꾸지는 못했습니다. 기계를 소유한 자본가들은 부를 축적해 신흥계급으로 떠올랐습니다. 만일 이때 기계를 부수는 대신 노동자가 자본을 소유할 수 있는 여건을 만들어달라고 해서 자본가가 가진 자본을 나누어 가졌더라면 어떠했을까 생각해봅니다. 장기적으로 노동자의 소득과 삶은 개선되었을 겁니다.

지금은 인공지능, 로봇, 생명과학 등이 주도하는 4차 산업혁명이 진행되고 있습니다. 노동자의 당혹스러움은 1차 산업혁명 때와 별반 다르지 않습니다. 프라이스워트하우스쿠퍼스(PwC) 컨설팅 회사는 2030년대까지 영국에서 인공지능 때문에 사라질 직업이 1300만 개인데 이 중 인공지능이 대체할 수 있는 직업은 사라질 직업의 19퍼센트 정도에 불과하다고 예측했습니다.

미래에 살아남을 직업을 예측해서 대응하더라도 한계가 있습니다. 10년, 20년 후에 어떤 직업이 사라지고 또 새로이 부각될 것인지 예상하기 어렵기 때문입니다. 어떻게 대응해야 할까요? 러다이트 운동처럼 컴퓨터와 인공지능을 부수어야 할까요?

무수한 역사적 사건들이 시대의 흐름을 거스를 수 없다는 사실을 증명하고 있습니다. 자연의 생존 전략은 변화에 적응하는 자만이 살아남는다는 것을 보여줍니다. 여러 가지 적응 전략이 있겠지만 그중 내부화 전략을 눈여겨볼 만합니다. 기업은 자신의 시장을 위협하는 영역에 대응하기 위해 경쟁자의 사업 영역을 내부화하는 전략을 취합니다. 신세계는 백화점, 이마트 등 오프라인 매장이 있지만 모바일화에 대응하기 위해 SSG라는 온라인 쇼핑몰을 만들었습니다. 페이스북은 인스타그램이 경쟁자로 떠오르자 비싼 가격을 주고 인수해버리고 문자 검색에 강점이 있던 구글은 동영상 서비스 기업인 유튜브를 사들입니다.

노동자도 로봇이 위협적이라면 로봇을 소유해버리면 됩니다. 어떻게 그게 가능하냐고요? 로봇을 만드는 회사의 주식을 가지면 됩니다. 자동차 엔진(내연기관)과 관련된 일을 하는 근로자는 전기자동차 회사의 주식을 가지면 됩니다. 전기자동차가 대세가 되면 내연기관 관련 회사는 축소될 수밖에 없으니까요. 그러면 자신의 일자리는 위협받지만 보유한 전기자동차 회사 주식의 가격은 올라갑니다. 만일 전기자동차가 아닌 내연기관 자동차가 여전히 주를 이루면 전기자동차 회사의 주가는 떨어지겠지만 자신의 일자리는 보전됩니다. 운전을 전문으로 하는 사람이라면 자율주행차를 만드는 회사의 주식을 보유하면 됩니다. 나의 일자리를 위협하는 로봇이 무엇이 될지조차 헷갈린다면 4차 산업혁명을 이끄는 글로벌 혁신 기업의 주식을 소유하면 됩니다. 펀드를 활용하면 적은 돈으로 다양한 기업의 주식을 가질 수 있습니다. 4차 산업혁명과 관련된 신기술 위주의 기업에 투자하는 펀드가 있으면 이 펀드에 투자해 관련된 많은 기업의 주식을 소유할 수 있습니다.

이처럼 임금을 받는 근로자가 유망한 글로벌 신기술 기업의 주식을 보유하면 근로소득의 불확실성을 어느 정도 헤지(hedge)할 수 있습니다. 근로소득과 투자수익을 합한 현금흐름이 안정적으로 유지됩니다. 이런 걸 잘 분산된 포트폴리오라고 합니다.

피케티는 부의 격차가 벌어진 이유는 자본 수익률(기계, 공장, 토지, 주택 등)이 임금 상승률보다 높기 때문이라고 봤습니다. 자본 수익률 중에서는 기업 자본의 수익률이 가장 높습니다. 근로자는 자신의 임금소득에서 지출하고 남은 돈을 저축합니다. 저축한 돈은 주택이나 금융자산 등의 형태로 보유하는데 기업 지분 형태로 보유하는 게 수익률이 가장 높습니다. 저축을 기업 지분 형태로 보유하면 근로자는 자본가를 겸업하는 셈입니다. 글로벌 혁신기업의 지분을 가지면 글로벌 자본가가 됩니다.

근로소득은 자신이 일해서 받는 수입이라면 자본소득은 다른 사람들이 일을 한 부가가치를 내가 월급으로 받는 셈입니다. 글로벌 자본가를 겸업하는 것은 내가 일을 해서 근로소득을 벌고, 나머지 저축된 돈은 전 세계 노동자들이 일을 해서 번 돈을 내가 지분 비율만큼 받는 것이라 보면 됩니다.

근로자가 이러한 전략을 실행할 수 있는 중요한 수단이 바로 연금(연금저축, 퇴직연금)입니다. 연금은 개인이 축적할 수 있는 거의 유일한 장기펀드입니다. 장기펀드에는 장기 투자자산을 보유해야 하는데, 이에는 글로벌 기업이 적합합니다. 연금을 원리금 보장 상품으로 운용하는 태도는 버려야 합니다. 특히 젊은 근로자는 반드시 외국 우량기업의 지분을 소유하는 자본가를 겸업하기를 권합니다. 칼 마르크스는 "노동자여 단결하라"라고 했지만, 이제 노동자는 글로벌 자본가를 겸업해야 합니다. 앞에서 연금소득에 자신의 근로소득을 결합하면(반연금+반기술) 좋다고 했는데 여기에 자본 투자를 통해 들어온 타인의 근로소득이 합해지면 소득의 모양이 멋지게 완성됩니다. 좋은 구조는 재테크보다 훨씬 견고한 수익을 줍니다.

무문관과
무라카미 하루키

일과 관계없는 부분에서도
기쁨과 흥미를 찾아낼 수 있어야 한다.
— 버트런드 러셀

인간은 로마의 검투사 스파르타쿠스로부터 프랑스혁명에 이르기까지 자유를 얻으려 많은 피를 흘려왔는데 막상 노년의 자유가 찾아오면 전혀 달갑지 않습니다. 자유라는 시간이 부담으로 다가오기 때문입니다. 노년에 갑자기 불쑥 찾아온 자유, 어떻게 대처해야 할까요?

자유의 가치는 아무리 강조해도 지나치지 않습니다. 영화 〈알라딘〉에서 알라딘은 세 번째 소원으로 램프의 요정 지니에게 자유를 주겠다고 약속합니다. 세 번의 소원만 들어주는 지니는 하나의 소원을 자신에게 자유를 주는 데 사용하겠다는 알라딘의 약속에 깊이 감동합니다. 지니는 무슨 소원이든 다 들어주는 막강한 힘을 가진 요정이지만 정작 명령을 거부할 자유가 없었습니다. 상대방의 명령이 없으면 움직이지 못하고, 그가 악인일지라도 그의 명령을 들어주어야 하는 존재. 디즈니는 지니의 그런 슬픔에 주목했습니다.

아이러니하게도 인간은 이렇게 소중한 가치인 자유를 감당하는 것을 어려워합니다. 에리히 프롬은 《자유로부터 도피》에서 노예제도와 봉건제도에서 어렵게 자유를 획득해놓고 시민들이 전체주의 파시즘에 빠져버리는 현상에 주목했습니다. 그는 사람들이 자유에 따르는 고독과 책임을 견디지 못하여 이를 버리고 다른 권위에 복종함으로써 마음의 안정을 찾고자 한 결과라고 보았습니다.

퇴직하면 이런 자유가 갑자기 물밀듯이 밀려옵니다. 하지만, 힘의 상실도 같이 따라옵니다. 직장이라는 조직에서 벗어나면 홀로 벌판에 서 있는 듯한 느낌이 듭니다. 마치 통나무 집 하나 없이 늑대나 곰을 상대해야 하는 것만 같습니다. 다시 일을 하더라도 이전보다는 자유시간이 많아져 어찌 할 줄을 모릅니다. 많아진 자유 시간을 어떻게 활용할까를 잘 보여주는 대표적인 삶의 유형 2가지를 살펴보겠습니다.

먼저, 삶의 중심을 만드는 방법입니다. 은퇴 전의 반복적인 일상을 은퇴 후에도 의식적으로 만듭니다. 무라카미 하루키의 하루가 대표적입니다. 우리는 문학가인 그가 술을 많이 마시고 글은 쓰고 싶을 때나 쓰는 등 자유로운 삶을 살 것이라고 생각합니다. 그러나 하루키는 팍팍하리만큼 금욕적인 생활을 되풀이합니다.

오전 4시쯤에 일어나서 커피를 마시고 무조건 책상에 앉아서 10시까지 글을 씁니다. 이후 10킬로미터를 달리고 수영을 하거나 낮잠을 잔 뒤 산책을 하거나 번역을 합니다. 그러고 나선 새로운 음악을 듣고 장을 봐서 요리합니다. 저녁을 먹은 뒤에는 책을 읽고 밤 10시경 잠자리에 듭니다. 이렇게 규칙적인 생활을 스스로 강제하는 것은 마음에 다른 생각을 품는 것 혹은 마음에 빈틈을 주어서 고민하는 것을 막을 수 있기 때문이라고 합니다. 다람쥐 쳇바퀴 같은 일상의 삶은 마치 밥과 김치 같습니다.

하루키는 일상적인 삶을 반복하는 데 그치지 않고 그 반복을 통해 새로운 길을 만들어가고 있습니다. 하루키의 마라톤 사랑은 널리 알려져 있습니다. 세계 유수의 마라톤 대회에 참여하고 100킬로미터 울트라 마라톤을 완주할 정도입니다. 그 경험을 《달리기를 말할 때 내가 하고 싶은 이야기》라는 책에 세세하게 써놓았습니다. 그의 삶에선 글쓰기라는 업 이외에 나머지 자유 시간의 중심을 달리기가 잡아주고 있습니다. 일상의 중심과 인생의 중심을 갖고 있는 셈입니다. 선박의 평형수 같은 역할입니다.

자유의 진정한 가치를 누리기 위한 내공을 쌓는 방법도 있습니다. 스님들은 용맹정진을 위해 무문관 수행을 합니다. 무문관(無門

關). 말 그대로 문이 없는 방에 들어가는 것입니다. 좁은 방에는 음식을 넣어주고 내갈 수 있는 배식구만 있습니다. 여기에 들어가서 몇 년이고 수행을 하는 겁니다. 드러누워 자든지 거꾸로 매달려 있든지 무얼 하든지 상관없습니다. 누가 간섭하거나 관찰하지도 않습니다. 빡빡한 규율과 짜인 시간에 맞춰진 선방 생활을 하다가 처음 무문관 생활을 시작하면 마음껏 자유를 누린다고 합니다. 개중에는 무문관에 들어가 하루 종일 드러누워 잠만 자는 스님들도 있다고 합니다. 그러나 하루이틀, 길어야 일주일도 못 갑니다. 도저히 더 이상 누워서 지낼 수만은 없습니다. 그다음에는 열심히 팔굽혀펴기도 합니다. 비록 작은 방이지만 왔다 갔다 하면서 생각을 정리해보기도 합니다. 그러나 이도 하루이틀이지 오래하지 못합니다.

무문관 수행을 잘 마치려면 외부의 환경이 아닌 자신의 내부에서 모든 것을 찾아야 합니다. 철저하게 마음의 안정을 찾지 않으면 안 됩니다. 좁은 방에 앉아 참선하는 자세로 하루가 1초인 듯, 삼추(三秋)가 여일각(如一刻)인 듯 명상에 들어야 안정을 얻을 수 있습니다.

은퇴 생활도 무문관에 드는 것과 비슷합니다. 무얼 하든 누가 간섭도 하지 않고 이제 모든 것을 알아서 해야 합니다. 은퇴하고 나서 한 달은 늦게 일어나는 것이 너무 좋아 천국 같다지만 그 천국이 곧 지옥으로 변합니다. 배우자와 외출하고 영화 보는 게 너무 좋지만 역시 한 달을 넘기기 힘듭니다. 목적 없는 해외여행은 1년

이면 수명을 다합니다. 결국 은퇴한 지 1년이 넘으면 더 이상 할 일이 없어집니다. 그래서 은퇴 후 3년이 위험하다고 합니다. 답은 나에게 있습니다. 나를 위해서라도 무문관 수행처럼 자신의 내부에서 안정을 찾아야 합니다.

나이 듦의 생활은 이런 2가지 마음가짐이 필요합니다. 외부의 현란함과 변화가 아니라 종국적으로는 무문관처럼 자신의 내부에서 평안함을 찾는 것입니다. 그리고 자신을 규칙적인 생활표에 구속해보는 겁니다. 규칙성이 장기적 목표를 향하면 더 좋습니다. 자유가 주어졌을 때는 이를 잘 활용하기 위해서는 자기절제의 마음이 있어야 합니다. 무문관의 스님들과 무라카미 하루키처럼 말이지요.

5장

건강

健康

몸 관리도
자산 관리처럼

건강하면 행복하다고 하지만 엄밀히 맞는 말은 아닙니다. 공기의 고마움을 모르듯이 건강하다고 더 행복하진 않습니다. 하지만 건강을 잃었을 때는 세상이 꺼져버린 듯한 불행을 느낍니다. 비대칭적 특성 때문에 평소 관리에 소홀하기 쉬운 게 건강 관리의 맹점입니다.

나이가 들면 육아나 가족 부양의 책임에서 벗어나 어느 때보다 자유를 누리게 됩니다만 육체를 처절하게 파괴해가는 자연의 잔혹성도 따라옵니다. 자유와 질병이 동전의 앞뒷면처럼 동반되는 것이지요. 이는 진화의 결과입니다.

인생 후반은 종족 번식이라는 자연의 구속에서 벗어난 자유로운 때입니다. 번식 기간 동안인 젊은 시기에는 번식과 육아에 모든 걸 집중합니다. 생존에 핸디캡이 되지만 번식에 이점이 된다면 수컷은 번식을 위해 그 핸디캡을 선택할 정도입니다. 이렇게 에너지가 많이 드는 일이라 동물들은 새끼를 다 키우고 생식 능력이 없어지면 대부분 죽습니다. 반면 사람은 번식과 양육을 끝내고도 오래 살아갑니다.

문제는, 자연은 노후 기간에 별로 관심이 없다는 점입니다. 번식에는 좋은 유전자를 잇기 위해 자연선택의 법칙이 적용되지만 번식의 영역을 벗어난 기간에는 별다르게 적용되는 법칙이 없습니다. 기껏해야 포유류의 나이 든 암컷은 종의 번성에 도움이 된다는 연구 결과가 있을 따름입니다. 노후에는 자연선택에 의해 질병이 걸러지지 않다 보니 질병 백화점이 됩니다. 자유 시간이 많아지지만 질병의 양상은 악화되는 거죠.

해법은 길어진 자유 시간을 건강 증진에 배분하는 것입니다. 건강 관리하는 직장에 취직했다고 생각할 정도로 건강에 투입되는 시간을 대폭 늘려야 합니다. 건강 관리에 시간을 할당할 뿐 아니라 이를 습관화해야 합니다. 좋은 습관은 운명을 바꿉니다.

병법의 지혜는 상대방을 알고 나를 알아야 이길 수 있다고 알려줍니다. 노후 건강은 노화 과정을 잘 파악하여 미리 대처하는 게 중요합니다.

"제가 방금
무슨 이야기를 했죠?"

지금의 내 안에 이미 미래의 노인이 살고 있다.

— 싯다르타

오래전 이야기입니다. 50대 중반 정도였던 연구소장님이 대규모 세미나에서 토론을 할 때였습니다. 한창 열띤 토론을 하다가 갑자기 몇 초간 조용히 침묵. 그러고는 옆 사람에게 "제가 방금 무슨 얘기를 했죠?"라고 물어봤습니다. 마이크가 켜져 있어서 청중도 듣고는 한바탕 웃었습니다. 그때 이해할 수 없었던 일이 이제 제게도 일어나고 있습니다. 이야기할 때 다른 사람이 끼어들어 화제가 바뀌면 제가 무슨 말을 했는지조차 잊어버리곤 합니다.

나이가 들면 신체의 노화와 함께 여러 가지 변화가 일어납니다.

그럴 때마다 자신의 노화에 대해 분개하는 사람이 있지만 소용없는 일입니다. 갑자기 사람 이름이 안 떠오른다고 자기 머리를 때리고 한탄해봐야 사태를 악화시키기만 합니다. 적응해야 합니다. 행동주의 심리학을 개척한 버러스 프레더릭 스키너 박사가 이에 대한 매뉴얼을 만들었습니다.《스키너의 마지막 강의》란 책인데, 괴짜 심리학자가 말년에 쓴 '행복한 노후를 위한 매뉴얼'이라고 보시면 됩니다.

스키너 박사는 사람을 원하는 대로 변화시킬 수 있다는 행동주의 태도 때문에 많은 비판을 받았습니다. 러시아 학자 이반 파블로프가 개에게 '딸랑딸랑' 종소리를 들려주고 밥을 주는 것을 반복하다 나중에는 종소리만 들어도 침을 흘리게 변화시킨 것처럼 사람도 그렇게 할 수 있다고 했으니 20세기 초에 오죽 비난을 받았겠습니까. 하지만 그가 노년에게 던져주는 행동 지침은 귀담아들을 만합니다. 스키너 박사는 노년이 불완전하다는 것을 인정하고 그런 '불완전성이 최소한의 문제를 일으키는 세계를 구축'해야 한다고 말합니다.

시력을 예로 들어보겠습니다. 65세를 넘기면 절반이 넘는 사람이 시력이 뚜렷하게 감퇴합니다. 스키너 박사는 여기에 다음과 같이 대응하라고 합니다. 거실 스탠드에 커다란 렌즈를 달아 물체를 크게 볼 수 있게 하고, 지갑이나 주머니에 들어갈 정도의 접이식 돋보기를 마련해서 휴대하라고 합니다.

저도 아내에게 돋보기를 여러 개 마련해서 가방 안에, 차 안에, 책상 위에, 거실에 모두 놓아두라고 했습니다. 돋보기는 근시 안경처럼 항상 쓰는 게 아니라 가까운 것을 볼 때만 필요하므로 손 닿는 여러 곳에 두는 편이 좋습니다. 돋보기가 없을 때는 스마트폰으로 찍어서 화면을 확대해서 보는 방법도 있습니다.

레스토랑은 조명이 껌껌해서 가뜩이나 안 보이는 글씨가 더 안 보입니다. 이때는 주머니나 지갑에 작은 손전등을 두었다가 쓰면 됩니다. 요즘은 스마트폰에 손전등 기능이 있으니 그걸 켜서 보면 됩니다. 얇아서 잘 깨지거나 밑이 좁은 물잔을 치우고 밑이 넓고 튼튼한 물잔으로 교체합니다. 이는 사소하지만 유용한 조언입니다. 밑이 좁은 물잔은 보기에는 좋지만 살짝만 툭 건드려도 넘어져 물이 엎질러집니다. 이들은 불완전한 시력 때문에 발생하는 문제를 최소화하는 방법들입니다.

대화를 하다 깜박 잊어버릴 때는 어떻게 해야 할까요? 나이 들면 사람들은 여러 가지를 너무도 잘 잊어버립니다. 숨겨놓은 위치를 적은 비밀 지도를 그려놓고는 숨겨놓은 사실마저 까먹기 일쑤입니다. 무슨 이야기를 하려고 했는데 막상 생각이 나지 않을 때도 많습니다. 요즘 동창회에 나가보면 친구들이 경쟁하듯이 상대방 말을 끊고 들어가 자기 할 말을 하려고 합니다. 혹시 주변에 그런 사람들이 있더라도 너무 무례하게 여기지 마십시오. 지금 이야기를 안 하면 까먹어버려서 그렇습니다. 머릿속으로 자신이 할 이야기만 반복해서 되새기느라 상대방 말에 집중하지 못하는 이들도 있습니다. 이를 보고 남의 말에 집중하지 않는 예의 없는 사람으로 단정하지 마십시오.

할 말을 까먹을까 봐 걱정될 때는 대처 방법이 있습니다. 우선 하려는 말을 혼자 계속 되풀이합니다. 상대방이 하는 이야기에 집중하기보다 머릿속으로 자신이 할 말을 반복하는 겁니다. 이런 노력에도 불구하고 잠깐 상대방 이야기에 집중했다가 자신이 머릿속에서 반복하던 말을 까맣게 까먹기도 합니다. 완벽한 방법은 아닙니다.

다음으로는 연장자의 특권을 내세워 생각났을 때 다른 사람이 말하는 중간에 끼어들어 말을 해버리는 방법이 있습니다. 상대방이 연장자일 때는 삼가야겠죠. 이 해결책은 계속 반복하면 무례한 사람으로 낙인찍힐 수 있으니 가끔 써야 합니다.

마지막으로 수첩, 냅킨, 메모지에 기록하기입니다. 가장 확실하고 무례를 범하지도 않는 방법입니다. 기록한다는 행위는 상대방의 이야기를 경청한다는 느낌도 주니 일석이조입니다. 뇌의 메모리에 문제가 생겨서 외장 메모리인 메모지를 준비하는 셈입니다. 펜이 항상 있어야 하니 유의하십시오. 저는 이 3가지 방법을 모두 쓰고 있습니다.

자연은 저항이 가장 작은 길을 택합니다. 빛이 물을 통과할 때 굴절하는 방향을 보십시오. 공기는 저항이 작고 물은 저항이 크므로 저항이 작은 공기가 있는 곳에선 더 많이 이동하고 저항이 큰 물 속에선 짧게 이동합니다. 이렇게 하면 공기와 물을 직선으로 통과할 때보다 전체 이동 거리가 더 길어집니다만 이동 시간은 최소화됩니다.

노후에는 곳곳에서 불완전함이 생깁니다. 시력, 청력, 미각, 후각, 시각, 촉각, 기억력 등 많은 것에서 기능 장애가 발생합니다. 마찰이 커지는 셈이죠. 감각 기능을 되돌릴 수 없을 때는 저항을 최소화하는 길을 택해야 합니다. 대화할 때 까먹는 것보다 메모를 해두는 게 불완전함이 야기하는 마찰을 최소화하는 방법이죠. 잘 보이지 않으면 주위에서 위험한 물건들을 치우고 방을 밝게 하고 안경을 여러 곳에 갖다 놓아 마찰을 줄입시다. 혹시 구체적인 내용들이 궁금하시면 스키너 박사의 책을 참조하십시오.

아파트 주위가
어두워 보인다면

노인이 된 느낌을 알고 싶다면 뿌연 안경을 끼고, 귀를 솜으로 막고,
크고 무거운 신발을 신고, 장갑을 끼고 하루를 보내라.

— B. F. 스키너

아파트 주변을 밤에 걷다가 문득 예전에 비해 어두워진 것을 느낀
적이 있나요? 아내에게 "주변을 좀 밝게 하지 이렇게 껌껌하게 해
놓냐"고 하니 본인도 그렇게 생각한다며 맞장구를 쳐줍니다. 저는
자동차 전면 유리는 선팅하지 않고 좌우 앞 유리는 아주 엷게 선팅
했습니다. 그렇게 해도 밤에 운전할 때 불편한데, 좌우 유리에 짙
게 선팅하는 것도 모자라 전면에도 선팅한 차를 보면 도대체 이해
되지 않았습니다. 그런데 최근에 의학박사 히라마쓰 루이가 쓴《노
년의 부모를 이해하는 16가지 방법》이라는 책을 읽다가 '아차' 했

습니다.

나이 들수록 어두운 곳에서 사물을 보는 능력이 떨어집니다. 20대의 경우 동공 면적이 15.9mm²인데 70대가 되면 6.1mm²으로 절반이 됩니다. 동공은 홍채에 둘러싸여 있는 중앙에 있는 동그랗고 검게 보이는 부분으로, 빛이 많이 들어오면 좁아지고 어두운 곳에서는 넓어집니다. 동공의 면적 자체가 좁아지면 빛이 많이 들어오지 않으니 어두운 곳에서 보기 힘들어집니다. 참고로, 원의 면적은 3.14×(반지름)²이므로 동공의 지름은 20대가 4.5mm, 70대가 2.8mm 정도입니다. 그래서 약간만 어두워도 젊었을 때보다 잘 보이지 않습니다. 젊은 운전자들은 선팅을 해놓아도 저보다 덜 불편했던 것입니다.

노화 과정은 눈에서만 나타나지 않습니다. 후각, 촉각, 청각, 근육 등 다양한 곳에서 다양한 증상으로 나타납니다. 히라마쓰 루이는 자신의 책에 수많은 환자를 상담하고 임상경험으로 알게 된 내용을 적어놓았습니다. 여기에서는 노화 과정과 그 시기에 주의할 점들을 정리해볼까 합니다. 50대인 분들은 자신의 노화 과정을 상상하면서 대비해보십시오. 고령의 부모님들을 이해하는 데도 도움이 될 겁니다.

50대부터 시작해보겠습니다. 감각 기능입니다. 40대 중반부터 노안이 오기 시작해 50대가 되면 책을 읽기 어려워지고 백내장에 걸리기 시작합니다. 50대 후반부터 노인성 난청이 시작되므로 젊은 사람들의 빠른 이야기에서 놓치는 부분이 많아지고, 단체로 왁자지껄 떠드는 TV 프로그램을 싫어하게 됩니다. 촉각이 약해지기 시작해 이전에 비해 물건이 손에서 미끄러진다고 느껴집니다. 55세가 넘으면 젊은 사람에 비해 3배 이상 미각장애가 나타납니다. 나이 들어서 셰프를 하기 어려운 이유입니다.

감각 기능뿐 아니라 기억력이 서서히 떨어지기 시작합니다. 단어가 적시에 생각나지 않는 건 물론이고 이야기의 상당 부분에 '이거, 그거, 저거'가 들어갑니다. 대부분 건망증이니 너무 걱정할 필요는 없습니다. 무엇보다 근력 저하가 눈에 띄게 나타납니다. 가장 먼저 축소되는 곳은 우리 몸의 장(長)근육인 허벅지입니다. 그래서 다리가 가늘어지기 시작합니다. 상체는 왜소해지지 않으니 방심하기 쉬운데 상체를 보지 말고 허벅지를 보면서 심각성을 느껴야 합니다.

60~70대를 살펴보겠습니다. 감각 기능 중 시각을 보면 노안이 심해져 돋보기를 끼지 않으면 책을 읽기 어려우며, 밤에 운전할 때 잘 안 보이고, 맞은편에서 불빛이 비치면 눈이 몹시 피로합니다. 고령자 난청이 심해지는데 전자음이 특히 잘 안 들리므로 대부분의 고령자가 스마트폰 알람 소리를 아주 크게 설정해놓습니다. 미각이 둔해져 음식을 짜게 먹습니다. 짠맛은 젊었을 때보다 12배 강해야 느껴지다 보니 고혈압이나 당뇨에 걸리기 쉽습니다. 나이 들수록 싱겁다고 생각될 정도로 간을 해야 하는 이유입니다. 후각은

비교적 오래 유지되지만 그래도 70대부터는 저하됩니다. 자신에게서 나는 냄새를 잘 맡지 못할 수 있습니다. 촉각 기능이 현저하게 떨어져서 물건을 잘 떨어뜨리고 뜨거운 물체에 닿아도 둔감하게 반응합니다. 고령자들이 전기장판에 화상을 입는 것은 바로 이런 이유 때문입니다.

오감 이외에 기억력이 현저하게 떨어집니다. '이거, 저거' 말하면서 '이거'가 무엇인지 묘사하면 건망증이고 '이거'를 말한 것조차 잊어버리면 치매 증상입니다. 근력이 줄어들다 보니 걷는 게 귀찮아지고 걷는 속도가 느려집니다. 낙상이 증가합니다. 65세 이상이 되면 낙상 사고 확률이 2배나 높아집니다. 근육이 줄어드니 방광 근육도 약해져 화장실을 자주 가게 됩니다. 요실금이라도 생기면 대인 접촉을 기피하게 됩니다.

65세 이상의 40퍼센트 정도가 입 냄새가 납니다. 입안이 건조하고 침이 줄어들기 때문입니다. 물을 자주 마셔야 합니다. 사람을 만나기 전에 살구나 석류를 생각하면 침이 나와 좀 나아지기도 하니 참고하십시오. 정신적으로도 약해지기 시작해서 65세 이상의 15퍼센트가 우울 상태라고 합니다. 다양한 관계망이 필요할 때입니다.

80세가 넘으면 99퍼센트가 백내장에 걸리고 70~80퍼센트의 사람이 난청입니다. 뒤에서 들리는 소리를 잘못 들어 교통사고가 나기도 합니다. 짜고 달고 강한 맛을 좋아하고 음식의 맛을 잘 느끼지 못해 식욕이 줄어듭니다. 후각 역시 마찬가지여서 과다하게 향수를 뿌리기도 하고 음식이 타도 냄새를 못 맡기도 합니다.

무릎은 50퍼센트 이상, 허리는 70퍼센트 이상 관절의 변형이 옵니다. 요도 근육이 약해져 화장실을 자주 가고 성대 근육도 약화되어 말하기가 힘들고 피곤합니다. 성대 근육도 근육이라 적당히 사용해야 기능이 유지됩니다. 성대가 남성은 67퍼센트 위축되고 여성은 26퍼센트 위축된다고 합니다. 근력이 약해 횡단보도를 건널 때 위험하며 잘 넘어집니다. 낙상의 77퍼센트가 집에서 일어난다고 하니 집 환경에 주의해야 합니다. 호흡 근육이 약해져 사레에 잘 걸리거나 음식이 기도로 넘어가 폐렴이 걸리기도 합니다. 심한 경우 질식사하기도 합니다.

청소년의 발달 과정은 잘 알고 있지만 고령자의 노화 과정은 다들 그러려니 합니다. 이 과정을 알아야 노화 과정에 적절한 대처가 가능하고 자신을 이해할 수 있습니다. 아는 만큼 보이듯이 고령자의 생리적 특성을 아는 만큼 고령자에 대한 이해의 눈이 밝아지고 무엇보다 나이 들어가는 자신이 뭘 조심해야 할지 알게 됩니다.

나이 들수록 경계해야 할
두 비극

||

나는 내가 갈수록 낯설어진다.
나의 세포에 가까이 가면 갈수록 낯설기만 하다.

― 장 아메리

교수, 공무원을 거치고 한동안 쉬고 있던 지인 한 분이 한국은행에 친구를 만나러 갔습니다. 정문에서 경비가 어디서 오셨냐고 물어보자 순간 "집에서 왔습니다"라고 했답니다. 어디 가면 꼭 어디서 오셨냐고 물어보는 데 명함이 없어 곤란하더라는 겁니다. 워낙 쾌활한 분이라 웃어넘겼지만 저라면 '이젠 나를 무시하는구나'란 생각에 자괴감에 빠졌을 겁니다.

사회적 위치나 역할을 일컬어 '페르소나(Persona)'라고 합니다. 사회적 위치가 변하면 페르소나도 바꾸어야 하는데, 자신의 직위가 국장이라면 은퇴 후에도 여전히 국장이라는 페르소나를 쓰고 다니는 사람이 있습니다. 버리고 싶지 않은 가면이어서 그럴 겁니다.

페르소나는 라틴어로 '탈'을 뜻합니다. 고대에는 연극을 할 때 슬픈 연기를 하면 슬픈 표정의 탈을, 화난 연기를 하면 화난 표정의 탈을 썼다고 합니다. 번개같이 탈을 바꿔대는 중국의 변검(變臉)처럼 가면을 통해 감정을 표현한 셈이죠. 이 의미가 발전해서 페르소나는 '사회적 가면'을 뜻하는 표현이 됐습니다. 판사, 의사, 정치인, 기업인 등 모두 자신의 역할에 따른 가면을 쓰고 있습니다.

가면은 이것 말고도 많습니다. 가만히 생각해보면 저만 해도 여러 가면을 쓰고 있습니다. 가정에서는 아버지이자 남편이라는 가면을, 회사에서는 연구소장이라는 사회적 가면을 가지고 있습니다. 회사에서는 근엄한 가면을 쓰고 있다가 집에 가면 인자한 가면으로 바꾸는 거죠. 그러나 어떤 가면이라도 영원히 쓸 수 없으며 언젠가는 가면을 벗고 다른 가면을 쓰거나 아니면 가면 없는 자기 자신으로 살아가야 합니다. 퇴직하고 나서 맨 처음 맞닥뜨리는 게 바로 사회적 페르소나를 벗는 것입니다. 여기에서 비극이 시작됩니다.

사회적 페르소나를 벗기란 말처럼 쉽지 않습니다. 그 가면을 너무 오래 써서 얼굴에서 떨어지지 않는 겁니다. 그래서 여러 가지 반응이 나타납니다. 친구나 지인의 회사 고문으로 명함만 만들어

다니거나 법인을 만들어 대표 명함을 들고 다닙니다. 어쩔 수 없이 가면을 벗은 사람 역시 옛날의 페르소나 흔적을 잡으려고 애씁니다. 자신이 제일 잘나가던 시절의 직위로 불리길 원하기도 합니다.

어찌어찌 페르소나를 벗었더라도 자신의 민낯에 당황하게 됩니다. '내가 이런 사람밖에 되지 않았나'라는 생각을 하게 되죠. 오랫동안 자신을 감쌌던 조직의 보호막이 사라지면서 넓은 벌판에 덩그러니 서 있는 자신을 발견하게 됩니다. 수십 년 동안 자신과 페르소나를 동일시하다가 이 둘이 분리되니 마음도 분열증을 겪게 됩니다. 사람들이 자신을 알아주지 않을 때는 '내가 어떤 사람이었는데'라며 벌컥 화를 내기도 합니다. 인연을 끊고 잠적해버리는 사람도 있습니다.

페르소나를 벗는 과정에서 혹은 벗고 나서 민낯에 적응하지 못하면 우울해지고 면역력도 약해집니다. 부작용 없이 페르소나를 벗기 위해서는 본래의 자신을 용기 있게 마주하면서 자신을 사랑하는 훈련을 해야 합니다. 민낯을 두려워하지 말고 '이제 가면을 벗어 던지고 진정한 나로 살아가자'라고 다짐을 해야 합니다.

공교롭게도 이 시기에는 또 다른 비극이 도사리고 있습니다. 제가 6년에 걸친 세월 끝에 박사 논문을 마쳤을 때 형님이 이런 이야기를 해준 적이 있습니다. 논문을 마치면 족쇄가 모두 풀린 것 같은 마음에 기분이 날아갈 듯하고 의욕이 솟구치는데, 바로 그때를 조심하라는 조언이었습니다. 강철 조직은 조그마한 망치로 툭툭

때려봐야 당장은 끄떡없지만 계속 때리면 겉으로는 아무 표시가 나지 않아도 어느 순간 뚝 부러져버립니다. 작은 망치이지만 그 충격이 조직 내부에 미세한 균열을 가져오는데 이게 축적되어 임계점을 넘으면 조금만 충격을 가해도 부러져버립니다. 큰일을 끝내고 덜컥 병이 나는 것처럼 말이죠. 그래서 6개월 정도는 강제로라도 좀 쉬라고 했습니다. 실제로 주변에서 박사 논문을 쓰고 큰 병에 걸리는 사람을 가끔 봅니다.

퇴직한 사람의 몸도 미세한 균열이 축적된 강철 같습니다. 겉으로는 멀쩡해 보여도 속은 수많은 상처를 품고 있습니다. 몸속의 장기들이 여기저기 약해져 있습니다. 퇴직하고 나면 갈 길이 멀고 마음이 초조해 무언가를 해야 한다는 강박관념을 갖게 됩니다. 거기에다 페르소나를 벗는 과정에서 스트레스도 많이 받습니다. 이러다 어느 날 강철 같은 몸이 거짓말처럼 부러져버립니다. 그래서 그런지 근래에 큰 병으로 쓰러지는 친구들을 부쩍 많이 봅니다. 남성들은 50대 중반부터 60대를 특히 조심해야 합니다. 저는 이를 일컬어 '피로조직의 비극'이라 부릅니다.

퇴직하고 나면 몸에 이상이 없는 것 같아도 푹 쉬면서 몸의 고장 난 곳을 찾아 리노베이션(renovation)해줘야 합니다. 우리 몸은 퇴직하고도 50년을 더 달려야 합니다. 몸이 건강할 때 50년을 달리는 것과 몸이 약해졌을 때 50년 달리는 것은 차원이 다른 문제입니다. 예전의 기억은 모두 버리고 몸을 리노베이션하는 데 자원을 아낌없이 써야 합니다. 퇴직 후 50년에 대한 투자라고 생각합시다. 지혜로운 사람은 닥친 문제를 슬기롭게 푸는 사람이 아니라 문제가 일어나지 않게 하는 사람입니다.

몸을 리노베이션하려면 우선 철저한 건강검진으로 병의 싹이 없는지 살펴봐야 합니다. 다음은 발병하지는 않았지만 몸에 축적된 피로를 없애주어야 합니다. 휴식, 요가, 태극권 등으로 몸 내부에 축적된 피로를 풀어줘야 합니다. 장기의 피로를 풀어주는 마사지도 좋습니다. 그리고 몸을 새로이 만들어가야 합니다. 혼자 할 수도 있지만 한시적으로라도 트레이너를 두는 것도 효과적입니다. 돈을 써야 의욕도 효과도 커집니다.

페르소나를 벗어버린 민낯을 사랑하기 위해서는 자존감이 있어야 합니다. 자존감이 높은 사람들은 남의 시선을 의식하지 않고 실패를 두려워하지 않으며 거절을 두려워하지 않습니다. 그렇다고 자존감을 억지로 높이려 하거나 스스로 최면을 걸었다가는 역효과가 나기 쉽습니다. 자존감을 높이려면 자신을 정말 아껴주고 사랑해주는 사람을 옆에 두고 교류해야 합니다. 가족에게만 인정 받아도 자존감이 높아집니다. 하지만 종국적으로는 성찰을 통해 자존감을 높여야 합니다. 자신의 장점과 단점을 냉철하게 성찰해 나를 파악하는 것만으로도 자존감이 생깁니다.

퇴직과 함께 우리는 '페르소나의 비극'과 '피로조직의 비극'이라는 두 비극과 마주하게 됩니다. 이 둘은 50~60대의 건강에 치명적 영향을 미칩니다. 이 도전을 잘 극복하기 위해서는 퇴직 후 여유를 가지고 몸을 리노베이션하며, 페르소나를 잘 바꾸고, 자신의 민낯을 마주할 수 있는 용기를 갖는 게 필요합니다.

부부 수명을 아십니까

배우자(配偶者). 부부의 한 쪽에서 본 다른 쪽.

2인3각 달리기를 한 번쯤은 해보셨을 겁니다. 두 명 다 잘 달리면 좋지만 한 명이 못 따라줄 때면 보는 사람도 안타깝습니다. 넘어지기도 하고 박자가 흐트러지기도 합니다. 그렇다고 한 명을 풀어놓고 혼자 달려갈 수도 없습니다. 가계(家計)도 이와 같습니다. 가계의 단위는 부부이기 때문에 독자 행동을 할 수 없습니다. 나 혼자만 건강하다고 될 문제가 아닙니다. 노후 생활을 잘 보내려면 2인3각 달리기를 할 때처럼 부부의 체력, 건강, 수명을 파악해 서로 보조를 맞추어야 합니다.

먼저 부부 수명을 알아보겠습니다. 부부 수명이란 부부를 하나의 단위로 볼 때 부부 둘 중 한 명까지 생존하는 기간입니다. 보통 여성의 수명이 남성보다 길지만 부부 수명은 여성 수명보다 더 깁니다. 60세 동갑 부부의 경우 남편은 기대여명이 22년이고(기대수명 82세) 아내는 27년인데(기대수명 87세) 부부 기대수명은 30년(기대수명 90세)입니다. 이는 남편이나 아내가 각자 사망할 확률과 부부 모두 사망할 확률이 다르기 때문입니다. 동전 A, B를 던질 때 A가 앞면이 나올 확률은 50퍼센트, B가 앞면이 나올 확률은 50퍼센트이지만 두 동전 모두 동시에 앞면이 나올 확률은 25퍼센트(50퍼센트×50퍼센트)로 낮아지는 것과 마찬가지입니다. 부부 둘 다 사망할 확률은 각각 사망할 확률보다 낮아지기 때문에 둘 중 한 명이 살아 있는 기간은 길어지는 것입니다.

부부 기대수명은 다시 부부가 모두 살아 있는 기간과 부부 중 한 명만 살아 있는 기간으로 나누어집니다. 부부 모두 살아 있는 기간은 30년 중 19년이며, 나머지 11년은 홀로 사는 기간입니다. 11년 중 남편이 홀로 사는 기간은 3년 정도, 아내가 홀로 사는 기간은 8년 정도입니다. 부부가 모두 함께 살아 있는 19년은 부부 모두 건강한 기간 10년과 한 명 이상이 아픈 기간 9년으로 나누어집니다.

결국 60세 동갑 부부의 기대수명을 살펴보면 10년은 둘 다 건강하고, 9년은 한 명 이상이 몸이 불편하며, 나머지 11년은 배우자

없이 홀로 사는 기간이 됩니다. 이를 대략적으로 기억하기 쉽게 도식화해보면 '10-10-10'이 됩니다. 즉 10년은 모두 건강한 기간, 10년은 한 명 이상 몸이 불편한 기간, 그리고 마지막 10년은 홀로 사는 기간입니다. 60세 남편과 57세 아내의 경우 부부 수명은 32년으로 길어지며, 부부 모두 건강한 기간은 10년, 한 명 이상이 아픈 기간은 10년, 홀로 살 기간은 12년이 됩니다. 남편에 비해 아내가 어릴수록 부부 수명은 여성의 수명 가까이 수렴합니다.

이제는 부부 단위가 아닌 남녀 각자의 기대수명 특징을 알아보겠습니다. 도쿄건강장수연구센터연구소, 도쿄대학교, 미시간대학교는 60세 이상 남녀를 대상으로 건강 라이프 단계를 조사했습니다. 이에 따르면, 남성은 75세 이전에 19퍼센트가량이 건강이 급속히 악화되거나 사망합니다. 반면 75세 이후에도 혼자 충분히 생활할 정도로 건강한 사람의 비율은 11퍼센트 정도 됩니다. 75세 이후에 건강이 점차 악화되는 비율은 70퍼센트가량입니다. 여성은 75세 이전에 사망하는 비중이 11퍼센트로 남성에 비해 낮습니다. 반면에 75세 이후 계속 건강한 사람은 거의 없고 대부분 도움을 필요로 하게 됩니다. 남성은 굵고 짧게 살지만, 여성은 오래 사는 만큼 아픈 기간이 길다 보니 가늘고 길게 사는 셈입니다.

이러한 남녀 각각의 수명 특징, 그리고 부부 수명 특징을 감안하면 노후 설계의 윤곽을 다음과 같이 그릴 수 있습니다.

생애설계 기간은 부부 수명을 기준으로 해서 더 길게 잡아야 합

니다. 대부분 남편들은 자기 기대수명만 생각해서 생애설계를 짭니다. 아내의 기대수명까지 생각해서 길게 잡아야 할 뿐 아니라 부부의 기대수명을 생각하면 아내의 기대수명보다 3년 정도 길게 잡아야 합니다. 60세 부부는 90세까지로 잡아야 하는데, 수명이 연장되는 속도를 보면 더 길게 봐야 할지도 모르겠습니다.

남편은 75세 이전에 사망하는 비율이 여성보다 10퍼센트 높으므로 이 기간에 특별히 건강 관리를 잘해야 합니다. 반면 아내는 건강하지 못한 기간이 기니 질병보험 등을 잘 갖추어놓아야 합니다. 대부분 보험이 남편 중심으로 되어 있는데 아내의 건강 관련 보험을 챙길 필요가 있습니다.

부부 모두 건강한 기간이 길지 않으므로 건강한 기간을 충분히 즐겨야 합니다. 모든 것에는 때가 있다고 했습니다. 공부해야 할 때가 있고 돈을 벌어야 할 때가 있고 결혼을 해야 할 때가 있고 출산을 해야 할 때가 있습니다. 부부가 같이 즐겨야 할 때도 있습니다. 이때를 넘기면 부부가 여생을 같이 즐기고 싶어도 그러지 못합니다. 70세 이전에 부부가 충분한 시간을 같이 보내시길 바랍니다.

홀로 있을 10년도 준비해야 합니다. 주로 여성이 신경 써야 하는 기간입니다. 남편이 모두 준비해주지 않으므로 그 기간에 대해서는 스스로 대비해야 합니다. 질병과도 혼자 싸워야 합니다. 생활비도 준비해두고 아플 때에 대비한 보험도 준비해두어야 합니다. 상속을 처리해야 할 경우도 많습니다. 아내는 집안의 어른으로 당대를 마무리하는 책임을 싫든 좋든 떠안게 됩니다.

2인3각으로 활기차게 달려오던 부부도 세월 앞에서는 약해집니다. 한 명이 아파 쉬기도 하고 종국에는 혼자 달려가야 합니다. 부부는 각각 볼 게 아니라 한 세트입니다. 부부 세트 수명과 부부 세트 건강을 꼭 염두에 두시기 바랍니다.

전환기의 건강 수칙 3가지

약보다 음식이 낫고, 음식보다 운동이 낫다.

— 허준

50~60대 모임의 화제는 단연 건강입니다. 그런데 각자의 건강 노하우를 듣고 있자면 각론에는 강한데 정작 중요한 것을 놓치고 있는 경우가 있습니다. 자산 관리를 할 때는 수익률 좋은 상품을 좇아 이리저리 다니는 것보다 주식, 채권, 부동산의 배분 비중을 결정하는 게 중요합니다. 장기 성과는 자산 배분으로 결정되기 때문이죠. 마찬가지로 건강도 큰 틀에서 자원(돈과 시간)을 언제 어디에 집중할지가 중요합니다. 이런 관점에서 볼 때 건강한 노후를 위한 자원 배분은 어떠해야 할까요?

무엇보다 50대는 건강에 집중 투자해야 합니다. '호미로 막을 걸 가래로 막는다'는 말이 있는데 50대는 호미로 막을 수 있는 시기입니다. 이때를 소홀히 보내면 나중에 가래로도 막을 수 없게 될지도 모릅니다. 몸을 완전히 리노베이션한다고 생각해야 합니다.

50대는 오랫동안 사용한 몸의 여기저기에 상처들이 누적되어 있고 이로 인해 발병률이 높아지기 직전입니다. 남성은 35~64세까지 매년 암 발병률(2015년 기준)이 10만 명당 417명이지만 65세 이후에는 2200명으로 껑충 증가합니다. 여성은 35~64세까지 10만 명당 484명으로 남성보다 높습니다만 65세 이상은 1105명으로 남성의 절반 정도입니다.

따라서 50대는 발병 가능성이 높은 부분을 파악해 자신의 약한 부분을 보완해가고 건강에 투자해야 합니다. 근육도 키우고 적정 체중을 만들어야 합니다. 걸음이 늦어졌다면 근력이 약해졌다는 뜻입니다. 아시다시피 50대는 여성의 경우 갱년기를 심하게 앓을 때고 남성 역시 갱년기에 접어들기 시작합니다. 자동차에 비유하면 중고로 넘어가는 때입니다. 인생 전반 50년을 열심히 뛴 만큼 지치고 망가진 몸을 살펴보십시오.

육체 건강뿐 아니라 정신 건강에 자원을 충분히 배분해야 합니다. 대부분 몸의 건강에는 많은 주의를 기울이지만 정작 노후가 되면 눈에 보이지 않는 정신의 쇠약이 더욱 무섭습니다. 과거에 받았던 정신적 상흔들이 의식의 저변에 쌓여 있는 데다 새로운 환경 변화들이 무지막지하게 닥치기 때문입니다. 생로병사 중 '노병사(老病死)' 3가지가 인생 후반에 닥칩니다. 본인뿐 아니라 가족의 노병사를 겪어야 하니 쇠약해진 몸과 마음에 충격들이 운석처럼 부딪힙니다.

정신 건강의 문제는 관계 단절로 인한 고립에서 비롯되는 경우가 많습니다. 환과고독(鰥寡孤獨)은 외롭고 의지할 곳 없는 사람을 말합니다. 각각의 글자는 홀아비, 홀어미, 부모 없는 아이, 늙어 자식 없는 사람을 가리킵니다. 한자 홀아비 '환(鰥)'을 보면 물고기 '어(魚)' 옆에 생선 뼈만 앙상한 모양입니다. 살이 있는 물고기와 뼈만 남은 물고기를 한 글자에 붙여놓으면서 뼈만 남은 모습을 강조한 듯합니다. 이 네 글자는 모두 관계의 단절과 고립을 의미합니다. 노후에는 풍성한 관계를 가져야 이러한 고독에서 벗어날 수 있습니다.

덴마크 사람들은 행복지수가 높다고 합니다. 반면 우리나라는 OECD 국가 중 자살률도 가장 높고 우울증 발병률도 높습니다. 그런데 항우울제 소비량은 한국이 거의 최하위를 차지하고 덴마크는 7위입니다. 우울증에 대한 사회의 인식 차이를 볼 수 있습니다. 관계, 몰입, 일 등 정신 건강을 높일 수 있는 사전적 활동을 해야 할 뿐 아니라 사후적으로도 우울증을 숨기지 말고 적극 대처해야 합니다.

부부 모두의 건강을 증진시켜야 합니다. 부부는 노후의 건강과 생존이 서로 연결되어 있기 때문입니다. 배우자가 많이 아프면 간호하다가 같이 병이 나기도 합니다. 발병했지만 배우자의 간호로 건강을 회복하는 경우도 많이 봅니다. 간혹 생명과 직결되는 경우도 있습니다. 이기적인 생각이지만, 남성은 자신의 마지막을 돌봐주는 사람이 배우자일 가능성이 크므로 배우자가 건강한 게 본인에게도 득이 됩니다.

잘 걸으면 운명이 바뀐다

걷기는 최고의 보약이다.

— 히포크라테스

저는 예전부터 걷는 걸 좋아했습니다. 하지만 제가 얼마를 걷는지 체계적으로 관리한 적은 없습니다. 2015년 스마트폰에서 걷기 앱을 발견한 뒤 하루 만 보 걷기를 목표로 매일 걷는 양을 체크하고 있습니다. 하루뿐만 아니라 한 달 평균, 1년 평균 걸음수를 알려주니 신세계입니다. 무엇보다 막연하게 생각만 하다가 직접 수치로 관리해보니 그동안 얼마나 엉터리 걷기를 했는지 알게 되었습니다. 4년 동안 체계적으로 걷다 보니 몇 가지 깨달은 게 있습니다.

걷기는 막연한 느낌보다 수치로 관리해야 합니다. 앱을 이용해서 평균 걸음수를 살피고 데이터를 보관해두십시오. 이와 관련, 여러 가지 앱이 있는데 엑셀로 데이터를 다운 받을 수 있는 것이 좋습니다. 데이터가 있으면 다양하게 분석할 수 있고 자신의 걷기 패턴도 파악할 수 있습니다.

저는 1451일 동안 하루 평균 1만 1209걸음, 거리로는 평균 8.4킬로미터를 걸었습니다. 총 걸은 거리는 1만 2200킬로미터입니다. 지구의 적도 둘레가 4만킬로미터라고 하니 지구 둘레의 3분의 1을 걸은 셈입니다. 앱을 고를 때는 하루 걸음수뿐만 아니라 하루 중의 걸음수, 한 달 평균, 1년 평균 등 다양한 데이터가 나오고 시각적으로 한눈에 볼 수 있는 것이 좋습니다. 한 달 동안의 걸음수를 막대그래프로 보면서 평균 만 보를 채우기 위해 밤늦게 퇴근한 뒤 다시 걸으러 나간 적도 있습니다.

목표를 너무 높게 잡지 마십시오. 하루 평균 만 보 걷기도 어렵습니다. 저는 책상에 앉아 있는 경우가 많고 대중교통을 이용하지 않다 보니 조금만 방심하면 하루 종일 거의 걷지 않는 날도 있습니다. 어쩌다 일이 바빠 2~3일 동안 3000걸음 정도밖에 걷지 못하면 그 주의 나머지 날들은 평소보다 훨씬 많이 걸어서 보충합니다. 저는 만 보 걷기로 시작해서 매년 평균 1000보 정도 목표를 상향하려고 노력했습니다. 이 정도는 쉬울 거라고 생각했는데 목표를 달성하기가 어려웠습니다. 결국 여전히 하루하루 만 보를 힘겹게 달성하고 있습니다.

선천적으로 걷기를 좋아하는지 자문해보아야 합니다. 사람마다 나름의 선호가 있습니다. 저는 걷기를 좋아하지만 달리기는 여러 번 시도했어도 실패했습니다. 저에게는 걷기만큼 쉽고 재미있는 게 없는데 어떤 사람들은 걷기가 어렵고 재미없다고 합니다. 남들이 좋다고 무작정 따라하지 말고 걷기가 나에게 잘 맞는지 확인하고 실행해야 합니다. 먼 길을 가려면 신발이 꼭 맞아야 하듯이 꾸준히 습관을 들이려면 자신에게 맞아야 합니다.

걸으면서 다른 일을 병행하면 놀라운 결과를 얻을 수 있습니다. 저는 걸으면서 유튜브나 팟캐스트로 강의를 듣습니다. 무엇이든 계속한다는 것은 놀라운 힘을 발휘합니다. 4년 동안 이렇게 해서 과학, 철학, 종교, 인문학 등 명강의를 엄청나게 들었습니다. 걸으면서 수많은 아이디어도 얻습니다. 제가 쓰는 칼럼의 주제는 대부분 걸으면서 생각한 것들입니다. 걸을 때 생각이 떠오르면 바로 스마트폰에 메모하든지 집에 들어오자마자 메모해둡니다. 사람은 누워서 생각하기도 하고 앉아서 생각하기도 하는데, 걸으면서 생각하는 게 가장 균형 잡혔다는 말들을 합니다. 걷기는 좋은 운동일 뿐만 아니라 아이디어, 지식을 동시에 얻을 수 있는 1석 3조의 활동입니다.

하루 만 보 걷기를 4년 동안 했다고 하니 아내가 건강이 좋아졌냐고 묻더군요. 사람들의 가장 큰 관심사일 것입니다. 결론부터 말씀드리면, 매년 건강검진을 받는데 좋아진 것도 없고 나빠진 것도 없습니다. 근육량은 조금 늘고 체중은 그대로입니다. 사실 걷기의 단점은 근육이 늘어나는 데 크게 도움이 되지 않는다는 겁니다. 천천히 걷는 것은 사색이나 아이디어 얻는 데는 최고이지만 근육을 키우는 데는 무용지물이거든요.

　걸으면서 근육을 키울 방법을 고민하던 중 우리나라 사람으로 일본의 도쿄 건강장수의료센터에서 근육에 관해 연구하는 김헌경 연구원의 《근육이 연금보다 강하다》라는 책을 보게 되었습니다. 근육은 제가 생각한 것보다 노후에 더 중요했습니다. 근육이 약하면 잘 넘어지고, 다쳐서 자리에 누우면 그 길로 쇠약해져서 자리 보전하게 됩니다. 제 외할머니가 그러셨습니다. 중학교 때 외할머니가 저희를 배웅해주시는데 개가 목줄을 다리에 감아버렸습니다. 그걸 모르고 한 발 내딛다가 그만 넘어져 대퇴골을 다쳐 쇠못으로 뼈를 이었습니다. 그렇게 넘어지고 나서는 돌아가실 때까지 자리에서 일어나지 못했습니다.

　근육이 약하면 요실금도 생깁니다. 요실금이 생기면 겁이 나서 외출할 수 없게 됩니다. 외출하지 못하면 우울해지고 건강도 악화됩니다. 엉덩이 근육은 몸의 중심축을 잡아주고 복근은 장기를 제자리에 바로 위치하게 해주고 요추 건강에도 영향을 줍니다. 특히 다리 근육은 중요합니다. 장딴지 근육은 혈액 순환을 촉진시켜 심장의 부담을 덜어주고 허벅지 근육은 일상생활 전반에 영향을 줍니다.

책에서 권유한 근육 키우기 처방 하나가 눈에 확 들어왔습니다. "보폭을 10센티미터 넓혀 걸어라." '세상에! 이걸 모르고 있었구나' 하는 생각이 들었습니다. 즉시 실천했습니다. 꼭 10센티미터가 아니더라도 그렇게 하겠다는 생각을 갖고 걸으면 됩니다. 간단한 조언이지만 효과는 컸습니다.

제가 걸으면서 직접 관찰한 효과입니다. 오른쪽 발을 10센티미터 더 멀리 디디려면 왼쪽 다리의 근육이 튼튼해야 합니다. 다리를 더 멀리 보내기 위해서, 그리고 보내는 동안 균형을 유지하기 위해서입니다. 그러다 보니 왼쪽 다리의 엉덩이 근육과 허벅지 근육에 강하게 자극이 갑니다. 엉덩이 근육에 자극이 가면 자연스레 항문 근육을 죄는 운동도 됩니다. 나이 들어 엉덩이가 처지는 분들께 적극 권하고 싶습니다. 오른발을 디디고 나서 다시 한 걸음 옮길 때면 멀리 있는 왼쪽 다리를 앞으로 보내기 위해 오른발이 땅을 강하게 박차야 하는데 이를 위해서는 종아리 근육이 힘을 발휘해야 합니다. 이렇게 반복해서 걸으면 종아리 근육, 허벅지 근육, 엉덩이 근육이 모두 발달합니다. 큰 보폭으로 걸으면 자연스레 걸음 속도도 빨라집니다. 그리고 몸이 똑바로 서고 아랫배에도 힘을 주게 됩니다. 큰 보폭으로 잘 걸으려면 몸의 많은 근육이 뒷받침해주어야 하기 때문입니다.

하나 더 있습니다. 걸으면서 손가락을 힘 있게 굽혔다 폈다 하면 악력기로 운동하는 효과를 볼 수 있습니다. 각 손가락의 두 번째

마디 부분을 강하게 천천히 꺾었다가 다시 천천히 펴면 됩니다. 손목의 방향을 달리하면서 이 운동을 하면 팔뚝의 다양한 부위에서 근육이 발달합니다. 이 운동은 걸으면서 해도 되고 신호등을 기다리며 대기할 때나 회의할 때도 틈틈이 하면 좋습니다.

이렇게 걸은 지 두 달쯤 되니 시내를 걷노라면 사람들을 휙휙 앞서 걷게 되었습니다. 걸음 속도가 빨라져 다리 근육이 붙고, 근육이 강해지니 걸음이 빨라지면서 다시 근육이 붙는 선순환이 일어나길 기대해봅니다. 한 달 남짓 되었지만 다리와 엉덩이에 힘이 들어가는 걸 느낍니다. 계속 걸으면 나이 들어가면서도 젊었을 때의 걷는 자세를 유지할 수 있을 듯합니다.

운동은 한두 달 하고 말 게 아니라 밥 먹듯 평생 습관이 될 걸 찾아야 합니다. 생활의 좋은 습관이 운동으로 연결되면 더욱 좋겠죠. 1년, 10년, 20년 좋은 운동 습관을 유지하면 인생의 운이 바뀝니다. 걸음이 젊으면 사람도 젊어 보입니다. 10센티미터 넓게 하루 만 보 걷는 것으로 여러분의 노후 운이 좋아지길 기대해봅니다.

연대의 근육을 키우자

정말 행복한 나날이란 멋지고 놀라운 일이 일어나는 날이 아니라
진주알들이 하나하나 한 줄로 꿰어지듯이 소박하고 자잘한 기쁨들이
조용히 이어지는 날들인 것 같아요.

— 소설《빨간머리 앤》에서

은행을 퇴직하고 수개월 백수 생활 끝에 재취업에 성공한 후배를
만났습니다. 을지로에서 만난 후배는 마치 고향에 온 사람처럼 표
정이 밝았습니다. 오랜 세월 을지로에서 직장 생활을 했는데 옛 직
장 근처로 오니 너무 좋다고 합니다. 그때는 몰랐는데 퇴직을 하고
보니 그 지겹던 곳이 그립고, 특히 맛있게 밥 먹던 단골 가게들이
자주 생각났다고 합니다.

　새로 취업한 곳이 집과 멀어 새벽 6시에 나서야 하지만 출근한
다는 자체만으로도 후배는 행복해 보였습니다. 사실 후배는 은행

을 그만두고 집에 있던 몇 개월 동안 좌불안석이었습니다. 직장에서 맺었던 연대(連帶)가 사라지고, 이를 대신할 무엇을 발견하지 못한 채 허전하고 혼란스럽고 불안정한 아노미(anomie) 상태에 빠진 모습이었지요. 아노미는 신의 뜻도 법도 없는 상태를 가리키는 그리스어 아노미아(anomia)에서 비롯된 말로, 어떤 규제도 받지 않고 새로운 규범도 없는 혼란스러운 상태를 뜻합니다.

사회학자 에밀 뒤르켐은 사회의 규제와 규칙이 느슨해지면 자유로워지는 게 아니라 오히려 혼란스럽고 불안정한 아노미 상태에 빠진다고 보았습니다. 규제와 규칙이 느슨해지는 게 꼭 좋은 것만은 아닙니다. 은퇴하면 규제와 규칙으로부터 느슨해집니다. 가정을 돌보아야 한다는 압박이 줄어들어 자유로워집니다. 내가 관련되었던 연대들이 해체되는 셈입니다. 연대감을 상실한 아노미 상태는 정신 건강을 해칩니다. 노후 건강에 연대감이 중요한 이유입니다. 그렇다면 어떤 연대를 어떻게 강화해야 할까요?

가족의 연대. 사회가 불안정해질수록 믿을 수 있는 건 그래도 가족밖에 없습니다. 자녀와의 관계, 배우자와의 관계를 돈독히 해야 합니다. 다만 자녀가 독립하고 배우자도 자신의 독자적인 삶을 찾고 싶어 하기 때문에 무작정 과거로 돌아가는 것은 능사가 아닙니다. 가족간에도 적절한 거리를 유지해 중력 관계를 잘 설정하는 기술이 필요합니다.

작은 커뮤니티. 직장이라는 큰 커뮤니티는 은퇴와 함께 없어지지만 주변에 작은 커뮤니티들이 많이 있습니다. 동호회부터 봉사 활동이나 종교 활동 모임 등 대상은 다양합니다. 요즘은 SNS를 통해서도 커뮤니티가 형성되고 있습니다.

50대 초반인 학교 선배님은 혼자 제주 올레길을 걷고, 모르는 사람을 만나는 활동도 합니다. 페이스북을 통해 지인들과 활동을 공유하다 보니, 그 소식을 접한 지인들이 제주도로 날아가 함께 걷기도 합니다. 카페 위치를 알려놓고 처음 보게 될 사람을 무작정 기다리는 황당한 일도 벌입니다. 시간이 지나면서 이러한 작은 노력들이 연대로 이어지는 걸 보게 됩니다.

저는 페이스북을 주로 이용합니다. 친구를 선별하여 받다 보니 팔로워가 아직 1300명 정도이지만 이들을 통해 다양한 정보를 얻고 있습니다. 여러 전문가들과 교류하면서 현상 분석력에 대한 시각도 넓어져서 요즘은 뉴스를 보는 대신 페이스북을 통해 세상의 흐름을 읽습니다.

횡적 커뮤니티. 직장에서의 커뮤니티는 종적 커뮤니티입니다. 이와 달리 여러 일터에서 비슷한 일을 하는 사람이 유기체처럼 조직을 형성하는 것이 횡적 커뮤니티입니다. 자신의 전문성이나 취미를 가지고 다른 동업자를 찾아 횡적 커뮤니티를 만들어봅시다. 한 직장의 연대가 아니라 같은 전문성이나 취미로 수평적 연대를 형성하는 겁니다. 중세시대의 동업자 조직인 길드(guild) 같은 연대라고 보면 됩니다. 이것 역시 SNS 덕분에 이전보다 훨씬 용이해졌습니다.

밤늦게 헤이리 마을 카페에서 일을 하다가 머리가 지끈해서 근처를 잠시 걸은 적이 있습니다. 젊은이들이 많이 모이는 공간이라 낮에는 북적댔는데 밤이 되니 아무도 없더군요. 상점들 유리창 너머에 있는 탁자와 물건들이 보였습니다. 사람 없이 물건들만 보이니 섬뜩하기만 했습니다. 만일 이렇게 혼자 이 마을에 남게 되었다면 제정신으로 살아갈 수 있을까 하는 생각이 들었습니다. 사람은 반드시 연결되어야 합니다. 노후에 연대의 상실로 아노미 상태에 빠지지 않기 위해서는 연대를 강화해야 합니다.

연금보다는 근육이, 근육보다는 관계가 중요합니다. 관계들이 끊어지는 노후에는 나의 허벅지 근육뿐 아니라 나와 다른 사람을 이어주는 연대의 근육을 키워야 하지 않을까요. 허벅지 근육이 없으면 몸이 아프지만 연대의 근육이 없으면 마음이 아픕니다.

내 몸에 호기심을 갖자

##

이치에 맞는 생활을 하면 의사 없이도 살 수 있다.

— 체코 속담

커피는 자기 몇 시간 전부터 마시지 말아야 할까요? 여섯 시간이라는 사람도 있고 점심 먹고 난 후에는 절대 마시면 안 된다는 사람도 있습니다. 저는 잠들기 1분 전에 한 컵을 벌컥 마셔도 잘만 잡니다. 반면 술을 마시면 금방 취합니다. 술은 잘 마시면서 커피에 약한 사람을 보면 2, 3차 때 술이 아닌 커피를 마시고 싶습니다. 커피로 여러 차례 '원샷'을 청해 복수하고 싶습니다. 사람은 저마다 천차만별입니다. 평균에 맞춰 따라했다가 낭패 보는 일이 많습니다.

통계에는 '머리는 냉장고에 두고 발은 뜨거운 물에 넣고 따뜻하다고 한다'는 말이 있습니다. 냉장고의 온도 영하 10도와 끓는 물의 온도 90도를 평균으로 보면 40도가 되니 따뜻하다고 생각한다는 거죠. 머리가 얼어붙고 발이 화상을 입는데 따뜻하다고 하니 어처구니없는 일입니다. 이런 어처구니없는 일을 우리는 일상에서 자주 목격합니다. 그래서 평균값은 의심해서 보아야 합니다.

평균은 많은 대상이 있을 때 이 집단의 특징을 하나의 수로 대표하여 보기 위해 만든 숫자입니다. 우리 학급의 평균 키가 170센티미터라면 대략의 모습을 짐작할 수 있습니다. 그런데 학급의 평균 키가 170센티미터이고 체중이 70킬로그램이라고 해서 단체로 여기에 맞는 옷을 맞추면 안 됩니다. 절반 정도는 이 옷을 입을 수 있지만 나머지 절반은 크거나 작아서 입을 수 없습니다. 일부는 너무 옷이 크거나 옷이 아예 몸에 들어가지 않을 수도 있습니다. 고려해야 할 게 키와 몸무게뿐이겠습니까? 팔다리 길이, 허리둘레도 있습니다.

약을 사면 깨알 같은 글자가 가득한 설명서가 여러 장 있습니다. 약의 효능과 부작용에 대한 내용들입니다. 약은 출시되기 전에 수많은 사람을 대상으로 임상실험을 합니다. 대부분은 별 탈 없이 효능을 보는데 평균적인 사람들 이외의 일부에서 부작용이 나타납니다. 콜레스테롤을 낮추는 약에는 '100명 중 10명의 사람에게는 두통이 나타난다' 같은 문구들이 붙어 있습니다. 평균적인 사람에게 나타나는 효과뿐 아니라 일부에게 나타나는 부작용에 관한 글도 읽어보아야 합니다. 저 역시 이런 약을 복용하다가 두통이 느껴져 설명서를 읽어보곤 그 이유를 알게 된 적이 있습니다.

악마는 평균에 있습니다. 평균의 함정에서 벗어나야 보지 못했던 세계가 펼쳐집니다. 특히 내 몸은 평균에 맞춰 생각하면 안 됩니다. 다른 사람들의 특징에 나를 도맷값으로 넘기지 말고 나의 개별성과 구체성을 중시해야 합니다. 동무 이제마 선생이 《동의수세보원》에서 체질의학인 사상의학(四象醫學)을 주창한 바 있습니다. 사람의 체질을 크게 태양, 태음, 소양, 소음으로 나눌 수 있는데 체질에 따라 처방을 달리해야 한다는 거죠. 이것은 큰 분류일 뿐, 사람마다 다양한 특성을 갖습니다. 달걀 하나 먹어도 얼굴이 좋아지고 살이 찌는 사람이 있습니다.

당뇨가 있는 선배가 어느 날 당뇨약을 끊고 음식 조절, 운동으로 당 관리를 하겠다고 선언했습니다. 의사 친구들은 당뇨가 악화되면 되돌리기 힘들다며 반대했습니다. 주변의 만류에도 불구하고 그 선배는 음식을 조절하고 맨발로 걷는 등 여러 방법으로 테스트를 하고 있습니다. 그런데 혈당이 내려가고 피 검사에서 여러 수치가 좋아졌다고 합니다. 이게 일시적인 효과인지 지속적인 효과인지는 아직 모릅니다. 하지만 내 몸이 어떤지에 대해 호기심을 가진다는 자세는 본받을 만합니다. 어떤 분은 음식을 먹고 나서 혈당을 체크해서 그 음식이 내 몸의 혈당을 얼마나 올리는지 파악하고 있습니다. 비빔밥의 초고추장이 혈당을 높인다는 사실을 발견하고는 이를 고춧가루로 대체했다고 합니다.

내 몸에 대한 정확한 테스트를 위해서는 동일한 조건하에서 충격에 대한 몸의 반응을 살펴야 합니다. 경제학에서는 '다른 조건이 일정하다면'이라는 뜻의 라틴어 '세테리스 파리부스(ceteris paribus)'라는 말을 씁니다. 예를 들어, 동일한 식사를 하면서 하루는 비빔밥에 아무것도 넣지 않고 하루는 초고추장을 넣어 혈당을 비교하는 겁니다. 이를 초고추장이 나의 혈당에 주는 순(純)효과라고 합니다. 이런 식으로 몸의 반응을 보면 됩니다.

저는 감기에 걸리면 목이 약간 아프기 시작합니다. 감기에 걸려서 약을 지으면 해열진통제, 항생제, 소염제, 코약이 세트로 들어있습니다. 해열진통제를 먹으면 식은땀이 나면서 기분이 좋지 않습니다. 그래서 저는 초기에 목이 약간 아프기 시작할 때 이전에 제조한 약에서 소염제나 항생제만 골라내 먹습니다. 지금까지는 효과 만점입니다. 둘째 애도 저랑 비슷한 체질이라 목이 좀 아프고 감기 기운이 있다고 할 때 동일한 처방을 했더니 잘 넘겼습니다. 자기 몸은 그 누구보다 자기가 잘 아는 법입니다.

음식이나 약에 대한 몸의 반응을 알아야 한다는 게 병원을 가지 말아야 한다는 뜻은 절대 아닙니다. 우리나라는 저렴한 비용으로 의사를 쉽게 만날 수 있습니다. 몸이 불편하면 먼저 병원에 가서 진단을 받는 게 좋습니다. 열심히 자연식을 먹으며 건강을 관리하는 사람보다 의사를 자주 만나는 사람이 더 오래 삽니다. 다만, 자신의 몸은 자신이 제일 잘 아니 자기 몸을 공부해야 한다는 말입니다.

사람의 몸은 철저하게 개별적입니다. 음식, 운동, 약 등에 각자의 몸이 다르게 반응하니 자신의 몸에 호기심을 가져야 합니다. 자기가 관심을 갖지 않으면 그 속을 알 사람이 없습니다. 몸에 호기심을 가지고, 다른 사람의 평균이 아닌 나만의 몸의 통계를 알 필요가 있습니다. 이러한 노력이 있어야 건강이 따라옵니다.

웰다잉의 출발점

죽는 것은 잠드는 것. 잠을 자면 꿈을 꾸겠지.

— 〈햄릿〉에서

50대를 전후해서 가족 3명을 3년 사이에 잃었습니다. 연이은 충격으로 죽음이라는 단어를 멀리했지만 이를 이해해보려고 관련된 책을 닥치는 대로 읽었습니다. 최근 웰다잉이 관심을 끌면서 '잘 죽는 것'에 관한 논의가 많아져서 웰다잉에 대해 알아보고 있습니다.

그런데 '잘 죽는 것'을 얘기하다 보면 당연히 '잘못 죽는 것'에 대해 이야기하게 됩니다. 이런 의문이 들었습니다. 죽음은 철저히 한 개인의 실존 문제입니다. 그 누구도 여기에 관여할 수 없습니다. 그럼에도 불구하고 타인이 죽음을 대하는 태도에 대해 '옳다

그르다' 평가할 수 있을까요? 저는 없다고 봅니다. 웰다잉을 이야기하려면 죽음(dying)이 무엇인지 먼저 알아야 하고 그 죽음은 철저히 개인의 실존 차원이라는 걸 받아들여야 합니다.

죽음의 형태는 삶의 형태만큼이나 다양하며 우리의 예상을 벗어납니다. 어렸을 때 죽음이란 자연스럽게 나이 들어 가족들이 지켜보는 가운데 이별을 하거나 혹은 소파에 앉아서 편안히 죽는 것이라고 생각했습니다. 하지만 현실을 보십시오. 나이를 불문하고 사고나 병으로 갑작스레 세상을 떠나거나, 오랜 투병 생활을 거치며 지치고 지쳐버린 상태로 죽음을 맞기도 합니다. 죽음은 도둑이 몰래 들어오듯 고양이가 조용히 들어오듯 그렇게 닥치기도 합니다.

제가 처음 죽음을 깊이 들여다보게 된 계기는 대학교 2학년 때 있었던 친구의 갑작스런 죽음입니다. 기말고사가 일찍 끝난 옆방 고향 친구가 먼저 집으로 내려갔습니다. 시험이 남아 있던 저는 나중에 그 친구를 만나 함께 텐트 여행을 가기로 약속했습니다. 그런데 며칠 후 자다가 가위에 눌렸습니다. 검고 큰 물체가 저를 뒤에서 꽉 안았는데 답답해서 계속 뿌리치자 그 물체가 저에게 떨어져 나와 아득히 멀어졌습니다. 평소에 가위는 고사하고 자다가 깬 적도 없던 저에게 찜찜하다 못해 이상한 경험이었습니다. 시계를 보았습니다. 12시 40분.

'이런 게 가위 눌린다는 거구나' 생각하고 다시 잠이 들었는데 새벽 3시 반쯤 하숙집 할머니가 제 방문을 쾅쾅 두드렸습니다. 경찰서에서 전화가 왔으니 빨리 받아보라는 겁니다. 수화기 너머의 경찰관은 친구가 다리에서 떨어져 사망했다는 소식을 전했습니다. 시험이 먼저 끝났다고 저를 놀리면서 고향에 내려간 게 엊그제였습니다. 놀라운 사실은, 사망 시간을 물으니 새벽 12시 30분으로 추정된다고 했습니다. 꿈에서 깬 시간이 12시 40분이었습니다.

이후 수년간 가위에 눌려서 깨보면 시곗바늘이 12시 40분을 가리키고 있는 트라우마에 시달렸습니다. 그 트라우마가 한동안 별의별 허상으로 연결되어 괴롭히기도 했습니다. 그 꿈은 아무리 생각해봐도 제 마음이 만들어낸 허상 같지 않았습니다. 사후세계든 뭐든 우리가 알지 못하는 영역이 있는 게 틀림없습니다. 칼 융은 이를 동시성 현상으로 설명했습니다. 인과관계 없이 동시에 일어난 두 사건이 무의식의 영역에서 다른 차원과 연결되었기 때문이라고 설명한 것이지요. 물리학자 데이비드 봄도 홀로그램 우주 가설로 동시성 현상을 설명했습니다. 여하튼 저는 이 사건으로 죽음이 완전한 소멸이 아니라는 것을 확신하게 됐습니다.

물론 죽음을 정체성의 완전한 소멸로 보는 견해도 있습니다. 《죽음이란 무엇인가》를 쓴 셸리 케이건 예일대 교수는 영혼이 있다고 할 수 없으며 죽음은 육체적 소멸로 자기 정체성이 사라진다고 보았습니다. 우리 몸을 구성하는 원자는 살아 있지만, 이것들이 유기적으로 결합된 '나'라는 정체성은 유지될 수 없기 때문이라고 합니다. 하지만 영생 자체가 불행일 수 있기에 그 소멸이 불행한 게 아니라고 주장합니다.

불교에 의지한 신라인과 유교가 중심이 된 조선인은 죽음에 대한 관점이 달랐습니다. 향가 〈제망매가〉에서 월명사는 죽은 누이가 극락에 가기를 염원했습니다. 그러나 조선에서는 사당에 조상을 모시고 인사하고 이야기하면서 마치 같이 있는 것처럼 행동했습니다. 그래서 제사 때 찾아와 젯밥을 먹는다고 믿기도 했습니다. 이처럼 죽음은 그 형태뿐만 아니라 관점도 가치관과 생각에 따라 달라집니다.

죽음에 대한 관점의 차이는 죽음을 대하는 태도를 다르게 합니다. 2009년에 작고한 김수환 추기경은 생명 연장 장치를 거부하고 두 각막을 기증하고도 더 기증할 게 없느냐고 물어보았습니다. 이때부터 우리 사회에 웰다잉(well dying)에 대한 관심이 생겨나기 시작했습니다. 김수환 추기경이 이런 모습을 보인 것은 오랫동안 기독교인으로서 수양하면서 죽음에 대한 관점이 마련되어 있었기 때문입니다. 죽음을 낡은 육신을 갈아입는 것으로 보는 불교 고승들은 "나는 오늘 간다"라고 간단히 말하고 앉아서 바로 열반에 들기도 합니다.

2018년부터 연명의료결정법(일명 웰다잉법)이 시행되고 있습니다. 회생 가능성이 없는 환자가 본인이나 가족의 동의로 연명치료를 받지 않을 수 있도록 하는 것으로, 죽음을 존엄하게 맞을 수 있도록 하자는 내용이 골자입니다. 그런데 이 내용이 확대 해석되어 죽음에 구차하게 집착하지 말고 품위 있게 죽어야 한다는 것으로 웰다잉을 해석하기도 합니다. 그러다 보니 죽음에 직면한 태도에 대한 기준이 마련되고 그에 대한 판단까지 이어집니다.

끝까지 살아보겠다고 의사에게 매달리면서 삶의 의지를 불태우다가 황망간에 죽은 사람은 어리석어 보이고, 죽음을 차분히 받아들이고 가족과 웃으면서 이별하는 것을 웰다잉의 사례인 것처럼 소개하는 글들을 봅니다. '죽음에 대한 최소한의 대비' 논의가 '죽음에 대한 올바른 태도' 논의로 옮겨간 셈입니다. 이 둘은 차이가 큽니다. 전자는 자신이 원하지 않는 고통을 받을 가능성을 막자는 것인데 반해 후자는 죽음에 대한 개인의 생각을 어떤 기준에 따르도록 하자는 것입니다.

죽음에 대한 태도는 누가 옳고 그르다고 말하기 어렵습니다. 각자 가진 죽음에 대한 관점에 따라 다르기 때문이죠. 정답은 없다고 생각합니다. 실존 문제라 다른 사람이 관여할 틈이 바늘 하나 꽂기도 어려울 정도입니다. 다쳐서 엄청난 통증을 느끼는 사람에게 옆 사람이 내가 대신 아파줄 터이니 넌 고통을 느끼지 말라고 해봐야 헛일입니다. 하물며 죽음이야.

100세 철학자 김형석 선생은 "죽음에 대해서는 너무 깊이 빠져도, 그렇다고 너무 가벼이 생각해도 안 된다"고 했습니다. 올바른 웰다잉은 자신의 '다잉'을 아는 데서 출발합니다. 무엇보다 죽음에

관한 자신의 기준으로 죽음에 대한 다른 태도를 재단하거나 강요
하지 말아야 합니다. 자신의 '다잉'을 성찰하고 거기 맞게 행동하
면 됩니다.

다시, 만개(滿開)를 꿈꾼다

늙은 어부 산티아고는 84일 동안 한 마리의 물고기도 잡지 못했습니다. 사람들은 노인이 이제 운이 다한 한물간 어부라고 쑥덕입니다. 노인의 배에는 소년이 타고 있었는데 40일 동안 물고기를 잡지 못하자 부모는 아이를 다른 배에 태웁니다. 유일한 말벗이었던 소년마저 곁을 떠난 노인에게는 불운만 남은 듯합니다. 하지만 노인은 85는 행운의 숫자라고 되뇌며 다시 바다로 나갑니다. 그리고 사투 끝에 생애 가장 큰 청새치를 잡습니다.

그러나 항구로 돌아오는 길에 그만 상어를 만나고 맙니다. 배 옆에 묶어두었던 청새치는 상어의 먹잇감이 되어 뼈만 남습니다. 그의 수고는 헛되어 보였습니다. 노인은 소년에게 청새치를 잡는 데 실패했다고 말합니다. 소년은 "상어가 먹은 것이지 할아버지는 청새치를 잡는 데 성공했다"며 위로합니다. 노인이 듣고 싶었던 말입니다. 노인은 다시 아이와 같이 배를 타고 나갈 일을 생각하며 깊은 잠에 빠져듭니다. 꿈에서 젊은 시절 아프리카에서 보았던 사자를 만납니다.

'번성하다'라는 뜻의 영어 단어로 'prosper'와 'flourish' 두 단어가 있습니다. 'prosper'는 물질적으로, 재정적으로 성공하는 것을 뜻합니다. 사업 매출이 2배 오르고 이익이 많아지면 번성한다(prosper)고 쓰지요. 'flourish'는 생물의 성장을 의미합니다. 'flourish'는 라틴어 'florere'가 변형된 단어인데 그 어원은 'flor', 즉 꽃(flower)입니다. 'flourish'는 꽃이 활짝 핀 모습을 뜻합니다. 자기가 가진 능력을 온전히 발현할 때 'flourish'라는 단어를 씁니다.

인생의 전환기에 만개하는(flourish) 삶을 꿈꾸어보면 어떨까요? 물질적인 번성의 삶에서 자신의 내면을 활짝 꽃 피우는 삶으로 무게중심이 옮겨가는 겁니다. 신은 인간을 세상에서 금욕하고 고행하고 노동하라고 보내지는 않았을 것입니다. 불교의 화엄(華嚴)은 온 세상에 꽃이 활짝 핀 세계입니다. 꽃 피는 삶을 펼치는데 앞에서 살펴본 성찰, 관계, 자산, 업(일), 건강이 기초가 되어줄 겁니다. 이를 통해 나의 아레테를 깊이 성찰하십시오.

한나라 때 장건이 황하를 묘사한 글이 떠오릅니다. 곤륜산에서 발원한 황하의 물줄기가 염택이라는 광야에서 자취를 감추고 땅밑에서 몇천 리를 잠류(潛流)하다가 갑자기 솟구쳐 올라 도도한 기세로 8800리를 가서 바다로 흘러간다는 내용입니다. 노인 산티아고가 겪은 84일의 불운은 황하의 물줄기가 땅속에서 몇천 리를 잠류한 시간입니다. 지금 인생의 전환기에 마주한 답답함과 암울함의 시간은 잠류의 세월일지 모릅니다. 인생에서 잠류하고 있는 물줄기가 솟구쳐 올라 도도하게 바다로 흘러가는 모습을 생각해봅니다. 건투를 빕니다.

벌거벗을 용기

초판 1쇄 발행 2019년 12월 27일
초판 4쇄 발행 2021년 4월 12일

지은이 김경록
펴낸이 유정연

책임편집 신성식 **기획편집** 장보금 조현주 김수진 김경애 백지선 **디자인** 안수진 김소진
마케팅 임충진 임우열 박중혁 정문희 김예은 **제작** 임정호 **경영지원** 박소영 **교정교열** 허지혜

펴낸곳 흐름출판(주) **출판등록** 제313-2003-199호(2003년 5월 28일)
주소 서울시 마포구 월드컵북로5길 48-9(서교동)
전화 (02)325-4944 **팩스** (02)325-4945 **이메일** book@hbooks.co.kr
홈페이지 http://www.hbooks.co.kr **블로그** blog.naver.com/nextwave7
출력·인쇄·제본 (주)현문 **용지** 월드페이퍼(주) **후가공** (주)이지앤비(특허 제10-1081185호)

ISBN 978-89-6596-361-5 03190